사춘기로 성장하는 아이
사춘기로 어긋나는 아이

●아이의 올바른 성장과 변화를 위한 부모의 사춘기 공부●

사춘기로 성장하는 아이
사춘기로 어긋나는 아이

강금주 지음

개정증보판 서문

더 늦기 전에 시작해야 할 부모의 사춘기 공부

사춘기가 되면 나 자신이 누구인지, 어느 그룹에 속한 사람인지, 무엇을 잘할 수 있는지 스스로 확인하고 싶은 욕구가 커집니다. 그래서 여태껏 기분 좋았던 엄마의 칭찬도 '늘 하는 소리'로 들리고, 때론 그만 듣고 싶은 잔소리로 들리기까지 합니다. 그러니 아이에게 사춘기가 오면, 부모는 아이 말 때문에 상처받지 않도록 마음의 방탄조끼가 필요합니다.

"왜? 내가 알아서 한다고!"

'엄마가 제일 좋아' 하면서 졸졸 따라다니던 아이가 밥 먹게 나오라는 말에 이렇게 대꾸했을 때, 엄마는 '내가 지금 어떤 세상을 살고 있는가? 사랑스럽던 내 아이는 어디로 갔나?' 하며 망연자실할 수밖에 없습니다. 하지만 그럴 때 미리 겁먹고 물러날 필요는 없습니다. '그 분이 오셨다'면서 무조건 눈감아줄 필요도 없지요. 사춘기 아이의 마음과 행동을 이해하고 잘 이끌어주면 아이는 곧 한 뼘 더 성장해서 제자리로 돌아오기 때문입니다.

〈십대들의 쪽지〉 발행인이자 청소년 전문 상담가로서 꼭 알려주고 싶었던 사춘기 자녀 교육법을 담은 《사춘기로 성장하는 아이 사춘기로 어긋나는 아이》를 출간하고 5년이 지났습니다. 많은 분들이 책을 읽고 '내가 부모로서 아이를 너무 몰랐다', '아이를 어떻게 대해야 하는지 알게 되었다'는 소감을 보내주셨습니다. '문제 행동이 심했던 아이와 대화하려 노력했더니 조금씩 긍정적으로 변했다'면서 고맙다는 인사도 전해주셨습니다. 뜻깊고 감사한 시간이었습니다.

초판이 나온 후 지난 5년 동안 '스마트폰'이 대중화되면서 자녀 교육 면에서 적지 않은 변화가 생겼습니다. 이제 아이들은 초등학교 입학 선물로 스마트폰을 받습니다. 부모보다 스마트폰으로 세상을 배운다고 해도 과언이 아닐 정도로 스마트폰과 밀착된 생활을 하고 있는데, 그 때문에 뜻하지 않은 문제들을 만나게 됩니다.

이번 개정증보판에서는 요즘 사춘기 아이들의 새로운 특징과 문제들, 그리고 해결책을 최신 상담 사례와 데이터에 근거해 보완하고 추가했습니다. 또한 '상처 주지 않고 아이를 움직이는 엄마의 말'을 수록해 실생활에 바로 활용할 수 있게 했습니다.

이 책이 사춘기 아이의 욕구와 부모의 욕망 사이에서 적절한 균형을 찾는 데 도움이 되었으면 합니다.

초판 서문

고트 로데오!
어디에 SOS를 보내야 하나?

고트 로데오(Goat Rodeo)는 조종사들의 용어다. 모든 것이 한꺼번에 잘못되어 가고 있는 비상사태를 의미한다. 엔진은 고장이 나고 앞이 보이지 않는 악천후 속에서 비행기는 끝없이 추락하고 있다. 놀란 승객들은 당장이라도 심장마비를 일으킬 태세다.

"승객 여러분, 우리 비행기는 악천후 지대를 통과 중이오니 좌석 벨트를 매시고, 좌석 벨트 사인이 꺼질 때까지 자리를 지켜주십시오."

그러나 이런 방법으로는 비상사태를 근본적으로 해결할 수 없다. 미칠 것 같은 불안감도 진정시킬 수 없다. 그야말로 '고트 로데오'다.

하루 종일 스마트폰만 붙들고 있고 식탁에서도 문자를 보내는 아이를 보다 못해 아빠는 아이의 스마트폰을 빼앗아 망치로 두들겨 버린다. 두 달밖에 안 된 새 스마트폰이 박살난 것을 본 아이는 아빠의 돌발적인 행동에 수저를 던지고 현관문이 부서져라 닫고 나간다. 아이의 반응에 더 화가 난 아빠는 엄마에게 폭풍처럼 휘몰아치는 분노를 쏟아낸다.

"당신이 무조건 오냐오냐 하며 다 받아주니까 애가 아버지 무서운 줄 모르고 저 모양 아니야? 집에서 달랑 애 하나 키우는데 도대체 저 꼴이 뭐야?"

안타까운 현실이지만 아이가 십대이고, 이제 막 사춘기가 시작됐다면 갑자기 달라진 아이 때문에 집안은 종종 카오스 상태에 빠진다. 어디로 튈지 모르는 내 아이를 이해하고 움직일 수 있는 매뉴얼은 어디 없을까? 비상사태에 빠진 집안과 아이 문제를 해결하려면 어떻게 해야 할까? 어디에 SOS를 보내야 하나?

"이 쪽지는 갈 만한 곳도 없고 쉴 만한 곳도 없고, 터놓고 이야기할 상대도 없어 홀로 고민하는 청소년들을 보며 그들에게 희망이 되고자 한 젊은이가 눈물로 만들고 있습니다. 왜냐하면 여러분은 내 마음의 기쁨이기 때문입니다. 여러분을 사랑합니다."

이 고백은 1984년 스물여덟의 가난한 청년이었던 김형모를 평생 동안 십대의 말에 귀를 기울이며, 십대만을 위해 살아가게 한 소명의 시작이었다. 그는 이 땅의 십대를 위로하기 위해 홀로 〈십대들의 쪽지〉라는 작은 책자를 만들었고, 전국의 중고등학교에 무료로 배포했다.

고등학교 국어교사로 재직 중이던 내가 〈십대들의 쪽지〉를 처음 본 것은 쪽지가 발간된 지 1년이 조금 안 된 시점이었다. 우연한 기회에 16호 쪽지부터 교정을 맡게 되었고, 한 달 뒤 17호 쪽지에는 우리의 결혼을 알리는 글이 실리게 되었다. 이후 〈십대들의 쪽지〉는 나의 전부가 되었다.

1987년 9월, 교사직을 그만두고 온전히 〈십대들의 쪽지〉에 내 모든 시간과 열정을 쏟았다. 남편과 나, 오직 둘이서 날마다 밀려드는 상담 편지와 전화, 강의, 원고 청탁, 방송 출연 등의 모든 일을 처리했다. 남편은 밤 9~10시쯤 잠자리에 들었고, 새벽 2시면 일어나 쪽지 일을 시작했다. 그리고 나는 남편이 일어난 뒤에 잠자리에 들었다. 그렇게 우리는 하루 24시간을 멈추지 않고 〈십대들의 쪽지〉를 만들었고, 곧 10만 부, 20만 부, 30만 부로 발행 부수가 늘어났다. 청소년을 위한 쉼터나 청소년만을 위한 책자가 전무하던 시대에 〈십대들의 쪽지〉는 아이들이 자기 마음을 터놓고 인정받을 수 있는 유일한 창구였다.

　〈십대들의 쪽지〉 앞으로 전국에서 아이들의 고민이 담긴 상담 편지가 배달되었다. 아이들은 '쪽지 아저씨'에게 누구에게도 하지 못했던 이야기들을 털어놓았다. 친구가 없어서 외롭다, 가난한 집이 싫다, 학교에 가기 싫다, 임신을 했다, 성폭행을 당했다, 이성 친구를 좋아하는데 어떻게 고백해야 할지 모르겠다, 동성 친구가 이성 친구보다 좋다, 어느 대학을 가야 할지 고민이다, 꿈이 없다, 아버지가 어머니를 때린다, 집을 나가고 싶다, 못생긴 외모가 너무 싫다, 선생님이 좋다, 선생님이 싫다……. 한 달이면 300~400통의 상담 편지가 쏟아졌다.

　우리는 아이들이 보내준 편지에 단 한 통도 빠뜨리지 않고 일일이 손으로 답장을 써서 보냈다. '누군가에게 내 마음을 털어놓았는데 그 문제를 나보다 더 진지하고 심각하게 들어주는 사람이 있고, 나의 말에 답을 했다'는 신뢰감을 아이들에게 전해주고 싶었다.

나는 해마다 연말이 되면 그해에 도착한 4,000통이 넘는 상담 편지를 한 장 한 장 읽으면서 내용을 요약하고 메모하며 통계 내는 작업을 했다. 덕분에 십대들이 어떻게 느끼고 어떻게 말하며 무엇을 원하고 무슨 말을 듣고 싶어 하는지 저절로 알게 되었다. 그렇게 내 머릿속에는 10만 개가 넘는 아이들 고민의 패턴이 저장되어 있다. 말 한마디를 들으면 그다음에 숨겨진 진짜 하고 싶은 말이 무엇인지 알고, 표정을 보면 아이가 원하는 것이 무엇인지, 마음에 어떤 상처와 갈등이 있는지 읽을 수 있다. 수많은 아이들의 이야기에 귀를 기울이며 얻은 전문가의 눈이다.

대한민국 십대와 함께한 30년의 시간을 돌아보며, 이 땅의 부모들에게 그들의 머리와 입을 대신해 하고 싶었던 말과 십대 자녀 교육에 대한 생각들을 다듬고 정리하여 이 책에 담았다. 이제 곧 십대가 될 자녀를 둔 부모가 읽어도 무방하다.

고트 로데오에 직면한 비행기를 구할 수 있는 것은 단 한 사람뿐이다. 관제탑에서는 방향 제시 정도만 해줄 수 있을 뿐, 끝까지 조종간을 붙잡고 상황에 따라 실시간 결단을 내리고 움직여야 하는 단 한 사람은 바로 그 비행기를 조종하고 있는 파일럿이다. 아이를 도울 수 있는 사람도 부모뿐이다. 이 책이 당신의 아이를 이해하고 바른 길로 안내하는 데 현실적인 도움이 되기를 소망한다.

강금주

CONTENTS

개정증보판 서문 • 004
초판 서문 • 006
책을 시작하며 • 014

PART 1 사춘기, 그 분이 오셨다

초등학교 4학년, 아이의 사춘기가 시작된다 • 024
문제아, 문제가 있는 아이, 문제가 없는 아이 • 029
스마트폰 속 아이의 사생활 • 033
어른의 권위가 통하지 않는다 • 038
모든 선택의 기준은 '나의 감정' • 043
피해자가 가해자로 변하는 학교 폭력 • 049
꿈꾸기엔 너무 늦었다고 생각하는 아이들 • 056
"힘들지? 괜찮아. 잘하고 있어!" • 062
아이는 하루아침에 괴물이 되지 않는다 • 067

> **TIP** 강금주 대표의 십대 자녀 교육 팁
> • 내 아이에게 사춘기가 왔음을 알려주는 증상들 • 028
> • 요즘 십대의 특징 • 071
> • 사춘기가 지나기 전에 바로잡아야 할 나쁜 습관들 • 144
> • 아이와 대화가 어려울 때 기억하면 좋은 7가지 • 159
> • 사춘기 아이와 꼭 나눠야 할 '성(性)' 이야기 • 223
> • 아이의 행동을 변화시키는 4단계 • 297

PART 2 아이를 아프게 하는 부모는 아니었을까?

성적만으로 아이를 평가하는 부모 • 074
아이를 비난하고 판단하는 부모 • 078
지나치게 엄격하고 모든 것을 통제하는 부모 • 083
혼내지 않고 가르치지 않는 부모 • 087
아이에게 꽃길만 걷게 해주고 싶은 부모 • 093
우리 아이는 문제가 없다고 생각하는 부모 • 098
말이 거칠고 폭력적인 부모 • 103
부자 아이, 가난한 부모 • 107

PART 3 아이의 올바른 성장과 변화를 위한 부모 코칭 10

긍정적인 자아상을 갖게 하라 • 112
아이의 작은 이야기에 귀 기울여라 • 117
드러난 행동보다 '메시지'를 읽어라 • 122
아이의 실패를 축하하라 • 126
콕스 같은 부모가 되어라 • 132
검사의 눈과 변호사의 입으로 대하라 • 136
아이의 나쁜 습관과 싸우기를 포기하지 마라 • 140
적절한 벌칙은 용서보다 강하다 • 145
때로는 일상의 암행어사가 되어라 • 150
오늘 내 아이의 모습이 최선이라고 인정하라 • 155

PART 4 사춘기가 끝나기 전 반드시 가르쳐야 할 것들

● 가치관
어떤 상황에서도 감사할 줄 알기 • 162
손해를 보더라도 지켜야 하는 것이 있다 • 165
남의 아픔에 눈감지 않는 마음 • 168

● 가족관계
부모도 도움이 필요한 존재다 • 172
서로 마음을 여는 시간 • 176
자녀도 사랑받기 위해 노력해야 한다 • 182

● 생활습관
바른 말투와 행동은 모든 것의 기본이다 • 186
두꺼운 책도 읽을 줄 아는 독서 습관 • 191

● 학교생활
규칙적으로 생활하고 공부하는 법 • 196
자유롭게 말하고 질문하는 습관 • 204
성적이 오르지 않는다고 쉽게 포기하지 않기 • 209

● 친구관계
누군가에게 좋은 친구가 되어주기 • 213
이성 교제는 가능한 한 미루는 게 좋다 • 217

PART 5 아이는 달라질 수 있다

툭하면 화내고 짜증 내는 아이 • 226
스마트폰을 손에서 놓지 않는 아이 • 231
알아서 하겠다면서 제대로 하지 않는 아이 • 236
입만 열면 불평불만인 아이 • 240
집에만 오면 말이 없어지는 아이 • 243
연예인에 빠져 있는 아이 • 246
쓸데없이 거짓말을 하는 아이 • 251
학교에 가기 싫어하는 아이 • 257
음란물에 지나치게 관심을 보이는 아이 • 264
욕을 너무 많이 하는 아이 • 268
공부에 집중하지 못하고 산만한 아이 • 272
매사에 자신감이 없는 아이 • 276
컴퓨터 게임에 빠져 있는 아이 • 280
정리 정돈을 하지 않는 아이 • 284
외모에 지나치게 집착하는 아이 • 288
담배 피우는 아이 • 292

책을 마치며 • 298
부록 상처 주지 않고 아이를 움직이는 엄마의 말 • 303

책을 시작하며

부모와 자녀의 행복한 사춘기를 위하여

"아이에게 무슨 말을 해야 할지 모르겠어요."

"아이를 어떻게 도와줘야 할지 모르겠어요."

"저렇게 소리를 지르며 대들다가 어느 순간에 나를 때릴 수도 있겠다 싶어요. 그런 아이를 보면 기가 막히고 눈물이 나요. 하지만 어떻게 해야 할지 모르겠어요."

"아이를 볼 때마다 답답하고 힘들어요. 뭐라고 말할 수도 없고, 그렇다고 말없이 지켜보기만 하려니 더 답답해요. 어디서부터 이야기를 시작해야 할지 모르겠어요."

부모들은 모두 모르겠다고 말한다. 아이를 어떻게 다뤄야 할지 몰라 안절부절못한다. 그래서 아이가 보여주는 아주 작은 반응에도 평정심을 잃고 당황한다. 마치 사칙연산을 막 배운 사람에게 미적분 문제가 주어진 것처럼 바라보고만 있다. 몇 번 애를 써보다가 결국 손을 놓아 버리거나 본인이 알고 있는 사칙연산으로 미적분을 풀겠다고 달려들었다가 곧 나가떨어진다.

사춘기가 온 십대 아이의 문제에는 정해진 규칙과 답이 없다. 수학 문제처럼 일정한 법칙에 따라 차근차근 풀어도 똑같은 답이 나오지 않는다. 아무리 많은 수를 더하고 곱하고 빼고 나눠도 마지막에 '0'을 곱하면 결국 0이 되듯, 한순간에 모든 노력이 물거품이 되기도 하고, 때로는 무한소수처럼 똑같은 증상이 끝없이 반복되기도 한다. 하지만 그럼에도 불구하고 십대에게 도움을 줄 수 있는 공통분모가 있다. 그것은 바로 부모다.

이해할 수 없는 십대 아이의 문제를 해결하기 위해서는 먼저 부모와 자녀의 관계부터 돌아봐야 한다. 아무리 큰 문제를 일으키고, 아무리 이해되지 않는 말과 행동을 해도 그 아이는 내 아이다. 내가 부모라는 당당함을 가져야 한다. 부모로서 권위를 포기해서는 안 된다.

부모에게는 부모이기 때문에 가질 수 있는 특권이 있다. 부모이기 때문에 자녀에게 순종을 요구할 수 있고, 자녀에게 잘못된 것을 금지할 수 있다. 부모에게는 생각보다 많은 무기가 있다. 그러나 정작 십대 자녀의 문제에 직면해서는 직접 해결하기를 두려워한다.

'드디어 우리 아이에게 사춘기가 왔구나. 이제 어떻게 하지?'

'내가 감당할 수 없는 일이 생기면 어떻게 할까?'

'제발 큰일 없이 지나가야 할 텐데…….'

두려우면 싸움에서 절대 이길 수 없다. 아이의 사춘기도 마찬가지다. 피하고 걱정하지만 말고 긍정적으로 바라보며 현명하고 냉정하게 대처해야 한다.

'아이가 스스로 인생을 바라보고 자기 자신을 살피기 시작했구나.'

'아이에게 평생 가져 갈 좋은 습관을 만들어주고, 다른 어느 때보다 더 마음과 신체 변화에 예민한 관심을 가져야겠구나.'

'몇 년이 될지 모르지만, 지금 내가 들이는 시간과 노력에 따라 아이의 인생이 결정될 수 있겠구나.'

이렇게 생각하면서 마음의 준비를 하는 것이다. 부모가 어떻게 하느냐에 따라 아이는 사춘기를 통해 성장할 수도, 엇나갈 수도 있다.

두려워하는 사람에게는 열려 있는 문도 잠긴 문으로 보인다. 걱정과 불안에 사로잡혀 문이 열렸는지 잠겼는지 확인할 생각도 못하고 무조건 열쇠부터 찾아 헤맨다. 새로운 출구를 만들려고 벽에 구멍을 뚫는 등 불필요한 노력을 쏟는다. 그러다 결국에는 지쳐 포기하게 된다. 걱정과 두려움이 그처럼 부모의 눈과 마음을 가리게 해서는 안 된다.

누가 아이의 문제를 해결하겠는가?
마스터키는 부모가 쥐고 있다

갑자기 까칠해진 아이가 이해되지 않을 때, 아이의 행동이 눈에 거슬릴 때, 정말로 내 자식이지만 도저히 용납할 수 없다는 생각이 들 때, 부모는 냉정하게 자신을 되돌아봐야 한다. 아이 모습이 마음에 들지 않으면 꾸중하고 비난하면서 자신의 평소 모습이나 생활은 전혀 흠

잡을 데 없다고 착각하기 쉽다. 그러나 아이가 보이는 대부분의 문제는 사실 어쩔 수 없이 부모에게서 비롯된다.

실제로 부모와 상담을 해보면 아이가 어떤 문제를 가지고 있겠구나 짐작이 된다. 만나 보면 영락없다. 아이들은 인생을 대하는 태도나 말투, 문제를 해결하는 태도 등을 모두 부모에게 배우기 때문이다. 아무리 부정하고 싶어도 내 아이의 문제는 결국 부모인 나의 문제에 뿌리를 두고 있다.

하지만 많은 부모가 어느 날 아이가 문제를 보이면 그 문제의 원인을 가정 밖에서 찾으려고 한다. 특히 학교와 어떤 식으로든 연결점이 있으면 문제의 시작과 해결책까지 모두 학교에 떠넘기려고 한다. 학교에서 아이가 이런 일을 당할 때 뭘 하고 있었느냐고 몰아붙인다. 또 사회는 왜 이렇게 십대를 위험한 환경으로 내몰고 있느냐고 성토한다.

그런 마음이 이해되지 않는 것은 아니다. 그렇게 해서 아이에게 도움이 된다면, 부모의 마음이 시원해진다면 그것도 하나의 방법이 될 수 있다. 하지만 정작 내 아이의 문제는 하나도 해결되지 않은 채 그대로 남게 된다.

사회를 탓하고 학교를 탓하는 것은 아무런 해결책이 되지 않는다. 아이는 내가 책임지고 지켜야 할, 부모 인생에서 가장 우선권을 갖는 존재. 그런데 그런 우선권을 가진 부모가 왜 가정 밖에서, 부모 밖에서 해결책을 찾으려고 하는가. 문제 해결의 마스터키는 늘 부모 손에 있다.

아이 말을 들어라!
문제의 80%는 대화로 해결할 수 있다

아이 말을 들어주는 것은 아이를 도울 수 있는 가장 쉽고 간단한 방법이다. 아이가 하는 말을 잘 들어주기만 해도 사춘기 문제의 80%는 해결된다.

"무슨 말이든 말을 해야 들어주든지 말든지 하죠. 집에 오면 입을 꾹 다물고, 묻는 말에 대답도 안 해요."

그렇다면 한번 생각해보자. 혹시 아이가 말을 할 때 그 말을 가로채면서 이렇게 반응하지는 않았는가?

"그게 지금 중요해? 그 이야기를 꼭 지금 해야 돼?"

"넌 어떻게 맨날 그렇게 쓸데없는 말만 하니?"

"그게 공부랑 무슨 상관이 있어?"

아이 말이 좀 길어진다 싶으면 아이 대신 결론을 내리며 "그러니까 아니라는 말을 하고 싶은 거지? 엄마도 다 알아들었어" 하고 김을 빼거나, 아이 말을 들으면서 속으로 '네 잘못을 어떻게 핑계 대나 보자' 하고 벼르지는 않았는가? 그건 아이 말을 듣는 것이 아니다. 듣고 있으면서 침묵으로 아이에게 '거부의 말'을 하고 있는 것과 같다.

아이 말을 듣는다는 것은 아이가 말하는 동안 나의 관심과 마음을 온전히 집중한다는 의미다. 하지만 대부분의 부모는 '아이에게 무슨 말을 어떻게 할까'에만 관심을 갖는다. 정작 아이가 원하는 것은 자신의 말을 들어줄 누군가인데 말이다.

사춘기 아이에게 자신의 말을 들어주는 사람이란 '자신을 존중해 주는 사람'이란 뜻이다. 아이가 부모에게 원하는 것은 사랑한다는 문자나 말보다 자기의 작은 이야기를 진지하게 들어주는 것이다.

아이에게 말을 하고 싶어 하는 부모는 넘치지만 아이 말을 듣기 위해 시간을 내는 부모는 많지 않은 듯하다. 그러나 부모가 말을 많이 하면 할수록 아이의 머릿속에 어떤 생각이 꿈틀대고 있는지, 무엇 때문에 힘들어 하는지 알 수 없다.

아이가 이렇게 바뀌었으면 좋겠다, 아이가 이렇게 자랐으면 좋겠다 하는 바람이 있다면 우선 아이의 말부터 들어야 한다. 학교에서는 포기하고 부모는 어떻게 다룰 줄 몰라 한숨만 쉬는 아이도 하루만 온전히 이야기를 나누면 긍정적인 쪽으로 변화하는 것을 나는 지금까지 수도 없이 봐왔다.

물론 모든 아이들이 처음부터 "고맙습니다. 내 이야기를 들어줄 누군가가 정말로 필요했어요" 하고 마음을 열지는 않는다. 진심으로 자기를 걱정하는 사람인지 아닌지를 나름대로 시험한다. 이때 아이를 돕고자 하는 순수한 마음과 사랑으로 아이를 바라볼 수 있어야 그 시험에 걸려들지 않는다. 그렇게 진심으로 다가가면 처음에는 삐딱하게 굴며, 딴짓을 하던 아이도 결국 어느 순간부터는 자신의 이야기를 하기 시작한다.

점점 빨라지는 사춘기,
부모에게는 공부가 필요하다

그러나 나 역시 아이의 말을 귀 기울여 듣고, 아이가 처한 문제 상황을 감정 없이 객관적으로 바라보는 데 10년 이상이 걸렸다. 상담 프로그램을 진행하는 초창기에는 아이들을 향한 열정과 내가 정한 기준과 규칙이 중요했기 때문에 그것에 어긋난 행동을 하는 아이들을 조금 냉정하게 꾸짖었다. 아이의 잘못을 짚어가면서 내가 얼마나 정확한지를 증명하고, 아이가 얼마나 터무니없는 잘못을 저질렀는지 알려주는 데 철저했다. 그러자 아이들은 내 앞에서는 듣는 척해도 마음은 열지 않았다. 그때는 심하게 잘못을 지적당하는 순간, 아이들 마음이 꽉 닫힌다는 것을 잘 알지 못했다. 시간이 흐르면서 아이들이 한 번 마음을 닫고 나면 아무리 좋은 의도로 진심 어린 말을 해도 아이들의 생각이나 행동을 변화시킬 수 없다는 것을 알게 되었다.

아이의 이야기를 들으려면 먼저 아이의 마음을 열어야 한다. 그러려면 '난 너의 잘못을 지적하거나 너를 판단하기 위해서 관심을 갖는 것이 아니라 언제든지 너를 돕고 싶어서 그러는 거야'라는 믿음을 줘야 한다. 이런 믿음이 형성되지 않으면 관계가 다음 단계로 나아가지 못한다.

그러나 아무리 아이가 마음을 열고 말할 준비가 되어 있어도 그 말을 듣는 부모가 제대로 받아줄 준비가 되어 있지 않으면 어렵게 연 아이의 마음이 소용없어진다. 부모에게도 교육과 훈련이 필요하다.

자녀의 미래에 대한 걱정과 불안을 내려놓고, 이제라도 어떻게 대화를 나누고 잘 지낼 것인지, 문제가 있다면 어떤 방식으로 문제를 풀어갈 것인지 부모도 배워야 한다. 열대 지방 날씨보다 더 종잡을 수 없는 사춘기 아이의 마음과 에베레스트 정상에 오른 등반가처럼 모든 것을 내려다보고 있는 부모의 마음이 만나서 합의점을 찾아내야 한다. 애초에 답이 없는 문제의 답을 찾아야 하는 것, 그것이 사춘기 십대 문제에 대한 해법이다. 그렇기 때문에 우리는 기본에서 출발해야 한다.

부모의 가슴을 철렁 내려앉게 하는 사춘기 성장통도, 사회를 경악시키는 십대 문제도 실상은 아주 작은 것에서 시작된다. 둑이 터져서 마을 안으로 흙탕물이 밀려드는 일도 시작은 아주 작은 틈새인 것처럼 말이다. 너무 미미해서 방심하다가 준비 없이 자녀의 사춘기를 맞게 된 부모는 어느 날 터져버린 둑 때문에 물속에서 허우적거리며 '수영을 배웠어야 했는데……', '더 강한 둑을 만들었어야 했는데……', '더 세심하게 살폈어야 했는데……'라며 후회한다.

누가 봐도 아이에게 문제가 있어 보인다면 이미 늦은 것이다. 사춘기 증상이 조금 보이기는 하나 TV나 영화에서 보는 문제아와는 상관없어 보이는 지금이, 바로 내 아이를 더 세심하게 들여다봐야 할 때다. 내 아이가 보내는 사인을 읽어야 할 때다.

요즘은 초등학교 4학년이면 사춘기 증상이 나타난다.
외부 환경이 아이들을 불균형하게 성숙시키고 있다.
아직 어리다고 안심하고 있는 바로 그 시기에
아이는 사춘기의 진통을 겪고 있다.

PART 1

사춘기,
그 분이 오셨다

초등학교 4학년,
아이의 사춘기가 시작된다

"4학년이 되더니 자기도 이제 십대라고 하네요. 열한 살이라고요. 꼬박꼬박 말대답도 하고, 어떤 때는 불러도 대답도 안 해요. 벌써 사춘기가 시작된 걸까요?"

"착하고 순했던 아이가 어느 날 갑자기 버럭 짜증을 내며 대답을 하는 거예요. 자기도 민망했던지 금방 표정이 달라지긴 했지만…… 좀 당황했어요."

아이들이 달라졌다. 사춘기가 오는 시기가 빨라졌다. 아이들이 접하는 외부 정보의 양과 질, 그리고 발육 속도가 빨라졌기 때문이다. 초등학교 4학년이면 벌써 사춘기 증상이 나타난다. 부모 말에 까칠하게 대답을 하거나 짜증을 내기 시작하고 거칠게 행동한다. 갑자기 외모에 지나치게 신경을 쓰고, 성적(性的)인 정보에 구체적으로 접근한다.

부모는 아이가 아직 어리다고 마음 놓고 있다가 어느 날 갑자기 핵폭탄이 떨어진 것처럼 혼비백산한다. 미처 준비하지 못한 아이의 사춘기에 어떻게 대처해야 할지 몰라 전전긍긍한다. 나 역시 초등학생들과 이야기를 나누다 보면 격세지감을 느낀다. 고등학생과 대화를 나누고 있는 건 아닌가 하는 착각이 들 정도다. 외부 환경이 아이들을 불균형하게 성숙시키고 있다.

초등학교 고학년이 되면 부모의 관심이 아이의 성적으로 옮겨 간다. 다 키웠다고 생각해서 안심하기 쉽지만, 이때가 중요하다. 문제의 싹이 보이지 않는 곳에서 자라기 시작한다. 초등학교 4학년만 되어도 여자아이들은 지능적으로 왕따를 시키기 시작하고, 남자아이들은 충동적이고 폭력적인 성향을 보이기 시작한다. 해마다 문제 성향을 보이는 연령대가 낮아지고 있으니, 1~2년 후에는 또 어떤 상황을 맞을지 모를 일이다.

문제가 최고조에 이르는 것은 중학교 2학년

초등학교 5, 6학년만 되어도 아이들의 머릿속에는 부모가 확인하고 싶지 않은 그들만의 비밀로 가득 찬다. 부모는 초등학생인 자녀가 스마트폰이나 컴퓨터로 야한 동영상을 보고 있을 거라곤 생각하지 않는다. 그런 생각 자체를 하고 싶지도 않다. 그렇다고 아이에게 직접 물을 수도 없다. 물었다가 괜히 관심도 없었던 아이가 "그게 뭔데, 엄마?" 하면서 관심을 보일까 봐 두렵기 때문이다. 하지만 그건 순진한 부모의 착각이다. 5학년이면 아이들은 이미 교실에서 혹은 학교를 오가면서, 아니면 집에서 부모가 잠시 자리를 비운 사이에 부모가 말하기조차 겁내 하는 야한 동영상을 본다.

담배를 피우는 중고등학생들을 상담하면서 언제 처음 담배를 피웠냐고 물어보면, 초등학교 6학년 때였다고 말하는 아이들이 가장 많다. 부모들이 아직 어리다며 안심하고 무장 해제되어 있을 때 아이들은 담배를 입에 대기 시작한다. 혹여 담배 냄새가 나더라도 'PC방에서' 또는 '누군가 담배 피우는 사람이 옆에 있어서'라고 변명하면 부모들은 '그래, 그럴 수도 있지' 하며 믿고 넘어간다.

여자아이들은 초등학교 5, 6학년이면 화장을 시작한다. 비비크림이나 가루분을 바르고, 틴트나 성인용 립글로스를 바른다. 그런 어른 화장품이 어디서 났느냐고 물어보면 엄마가 선물로 사줬다는 아이들이 많다. 아이는 부모의 눈을 피해서, 또는 부모의 묵인과 동의하에 성인들의 행동을 스스럼없이 따라 하기 시작한다.

그래도 중학교 1학년 때까지는 대체로 순진한 구석이 남아 있다. 하지만 1학년 겨울방학을 넘기면서부터는 그야말로 격변기를 맞는다. 제아무리 얌전하고 말 잘 듣던 아이도 어떤 식으로든 변하기 시작한다.

문제 행동이 최고조에 이르는 것은 중학교 2학년 때다. 오죽하면 북한이 남침하지 못하는 이유가 '중2가 무서워서'라는 우스갯소리가 있겠는가. 초등학교 6학년 때 문제 성향을 보이던 아이도 중학교 1학년 1학기에는 대체로 조용하다. 학교 분위기나 선생님의 성향도 파악해야 하고, 아이들끼리 탐색전과 견제도 해야 하기 때문이다. 중학교 3학년 때도 마찬가지다. 고교 진학 준비 등 스트레스가 많기 때문에 겉으로 드러나는 문제 행동은 줄어든다. 반면, 중학교 2학년 때는 학교 적응도 끝났고, 공부에 대한 압박도 심하지 않기 때문에 학교 폭력과 일탈이 가장 많이 발생한다.

그렇다고 해서 연령대별로 아이의 문제를 나누어 지켜볼 필요는 없다. 아이들은 같은 연령이라고 해도 성장 속도가 개인마다 다르다. 초등학교 4학년인데도 굉장히 어른스러운 아이가 있는가 하면, 중학교 3학년인데도 아직 순진한 아이가 있다. 따라서 아이의 문제를 유형별로 보면서 '아, 지금 우리 아이가 보여주고 있는 게 이런 문제의 전조구나' 하고 인지하면 된다.

그렇게 사춘기에 접어들었다는 신호가 오면, 아이가 잘못된 태도와 행동에 익숙해지지 않도록 기본적인 생활 규칙과 바른 태도를 끊임없이 훈련시키고 가르쳐야 하는 시기가 왔음을 받아들여야 한다. 그냥 묵인하고 방관할 게 아니다. 이제부터 부모가 진짜 신경을 써야 할 부분은 아이의 심성이요, 인성이다. 아이의 말투와 행동이다.

내 아이에게 사춘기가 왔음을 알려주는 증상들

- 스마트폰을 보면서 혼자 보내는 시간이 많아진다.
- "왜?", "싫은데", "그냥", "내가 알아서 해"라고 말하면서 반항하기 시작한다.
- "귀찮아", "나중에"라고 말하면서 몸을 움직이는 일을 싫어한다.
- 쉽게 짜증을 내고 갑자기 기분이 변한다.
- 화장실에 들어가면 30분도 넘게 나오지 않는다.
- 늦게 자거나 늦게 일어난다.
- 날마다 외모에 대한 관심이 바뀐다.
- 헤어스타일이 자주 바뀌거나 어울리지 않는 헤어스타일을 고집한다.
- 피부 상태나 자기 몸에서 나는 냄새에 민감해진다.
- 지나치게 자주 씻거나 지나치게 안 씻는다.
- 옷에 대한 불평과 관심이 많아진다.
- 설명되지 않는 시간이나 돈의 사용이 늘어난다.
- 친구들과 이야기하는 시간이 엄마와 이야기하는 시간보다 많아진다.
- 내가 누구인지, 나를 어떻게 생각하는지 등 자신에 대해 알고 싶어 하고 친구나 주변 사람들이 하는 말에 예민해진다.
- 부모를 피해 방에 혼자 있으려고 한다.
- 부르면 대답이 늦다. "네" 또는 "아니오"라는 대답도 쉽게 나오지 않는다.
- 부모의 말보다는 친구의 말을 더 믿는다.
- 잘못한 일을 수긍하기보다는 다른 사람 탓으로 돌린다.
- "내 친구들도 다 그래"라며 자신의 잘못을 합리화한다.

문제아, 문제가 있는 아이,
문제가 없는 아이

흔히 말하는 모범생 자녀를 둔 부모는 '우리 애는 학교와 학원, 독서실을 오가며 공부만 하니까 다행'이라고 생각한다. 매스컴에서 떠드는 개념 없는 십대 문제는 공부 못하고 집안 나쁜 아이들이 몰려다니면서 저지르는 비행쯤으로 여기는 것이다. 그런데 어느 날 담임 선생님이 불러서 학교에 갔더니 그 멀쩡한 우리 아이가 다른 아이를 왕따시키고 괴롭히는 그룹에 끼어 있다고 한다.

"날라리처럼 하고 다니는 것도 아니고 가출을 하는 것도 아닌데, 그럴 리가 있겠어요? 성격도 착하고 공부만 하는 아이인데, 언제 친구를 괴롭힐 시간이 있다고. 뭔가 잘못된 거 아닌가요?"

대부분의 부모들은 선생님의 말을 그대로 받아들이지 못하고 일단 부정부터 한다. 그러나 공부 잘하고, 머리 좋고, 얌전하고, 착하고, 어른 눈에 모범생으로 보인다고 해서 문제가 없는 것은 아니다. 그런 아이도 문제의 중심에 서 있을 수 있다. 이것이 요즘 십대의 특징 중 하나다.

부모 세대에서는 문제를 가진 아이와 문제없는 아이가 외모나 행동만으로 구별이 가능했다. 또 성적 외에는 딱히 학교생활에서 문제 될 만한 것이 없었다. 수업 시간에 졸더라도 남에게 피해 주지 않고 얌전히 앉아만 있으면 됐다. 그러나 지금 아이들은 그렇지 않다. 학교에서 좋은 성적표를 받아 오고 날마다 일찍 학교에 가고 수업을 빼먹지 않아도, 공부 시간에 앞자리 아이에게 끊임없이 욕을 하거나 발로 차면서 괴롭힐 수 있고, 반대로 거친 아이들의 타깃이 되어 괴롭힘을 당할 수도 있다. 문제아와 모범생의 경계가 없는 것이다. 또 학교생활에서 많은 일들이 일어나며, 누구라도 문제에 직면할 수 있다. 모두 공평하게 나쁜 기회에 노출되어 있다.

행동으로 문제를 드러내는 아이는 그래도 낫다. 진짜 문제가 되는 아이는 공부도 잘하고 어른 앞에서 예의도 바르지만 왕따를 조장하는 지능적인 아이와 도덕적인 기준이 잡혀 있지 않아서 자신의 행동이 잘못됐는지조차 깨닫지 못하는 아이다. 특히 초등학교 고학년의 경우, 자신이 찍은 아이를 학급 전체가 왕따시키도록 조장하는 아이는 대부분 겉으로 보기에 모범생 스타일이 많다. 전교 1등이 '모범생'이란 건 옛말이다. 공부도 잘하고, 똑똑하고, 선생님 앞에서는 말도 예쁘게 하기 때문에 문제가 드러나기 전까지는 부모도, 선생님도 깜빡 속아 넘어가기 쉽다. 그런 아이는 학급 아이들에게 영향력이 있기 때문에 아이들을 조종해서 한 아이를 왕따시킬 힘이 있다. 특히 여자아이들에게 이런 성향이 강하다. 이에 반해 남자아이들의 경우는 오히려 문제가 단순하다. 좋다 싫다는 감정 표현이 직설적인 데다 때리고 욕하고 훔치는 등 폭력적인 성향을 대놓고 드러내기 때문에 조기에 문제 행동의 신호를 읽을 수 있다.

아이의 왕따 문제, 부모가 알아챌 수 있다

"우리 아이는 집에서 아무 문제가 없어요."

부모들의 흔한 대답 중 하나다. 사실 문제가 있는 아이라고 해도 가족에게는 문제 행동이 잘 드러나지 않는다. 아이들의 많은 문제는 집 밖의 사회적인 관계 속에서 발생한다. 부모님을 비롯해 형제 한둘과 지내는 핵가족에서는 아이의 사회적 성향이 뚜렷하게 드러나기가 어렵다. 또한 가족들은 아이가 보이는 문제 행동이나 말에 이미 익숙해져 있기 때문에 '그러려니' 하고 크게 걱정하지 않는다. 그래서 집에서는 문제 되지 않는 행동이나 태도가 학교에서 여러 사람들과 생활할 때는 문제가 될 수 있다.

왕따를 당하는 아이는 부모가 조금만 관심을 기울이면 알아챌 수 있다. 학교에 가기 싫어한다거나 전학을 보내달라고 하거나 특정 요일에 머리나 배가 아프다고 하거나 성적이 급격히 떨어지는 등 겉으로 드러나는 증상이 있다. 그러나 왕따를 시키는 아이는 부모가 모르는 경우가 많다. 요즘의 왕따는 대단히 지능적으로 집요하게 이루어지고 아이들이 죄책감도 없기 때문에 일상생활만 살펴서는 자신의 아이가 왕따 가해자인지 가늠할 수 없다. 아이가 왕따를 당하고 있는지만 걱정할 게 아니라, 내 아이가 다른 아이를 왕따시키고 있지는 않은지도 살펴야 하는 것이 현실이다. 부모는 아이를 잘 안다고 생각하지만 실제로는 그렇지 못한 경우가 훨씬 더 많다.

내 아이가 왕따 피해자나 주동자가 아니라고 해서 마냥 안심할 수도 없다. 왕따는 피해자와 주동자, 단 두 명의 문제가 아니기 때문이다. 나머지 아이들도 직간접적으로 동조해야 왕따가 가능해진다. 특히 자신감이 없거나 소심한 아이들은 자신이 왕따가 되지 않기 위해 왕따에 동조하는 경우가 많다. 왕따 피해자, 왕따 주동자, 왕따 동조자 등 일단 학급에 왕따 사건이 일어나면 이와 무관한 아이들은 없다고 보는 것이 맞다.

요즘 아이들은 아무런 불편함이나 죄책감 없이, 하물며 특별한 이유 없이 다른 아이를 왕따시킨다. 외모가 매력적이지 않다는 이유로, 기분 나쁘게 쳐다봤다는 이유로, 자신의 단짝 친구와 친하게 지내려 한다는 이유로 왕따를 시키기도 한다. 자기 나름의 이유가 있다고 해서 상대방을 왕따시켜도 된다고 생각하는 것은 상대에게 배려심이 없어서다. 친구가 받을 상처에는 아무 생각이 없거나 심지어 고통당하는 것을 즐기는 경우도 있다. 아이의 성적보다 더 중요하게 생각해야 할 것이 남의 고통에 무관심하지 않을 수 있는 아이의 마음지수다.

스마트폰 속
아이의 사생활

중학교 1학년 아들을 둔 엄마가 고민을 토로했다. 아들이 여자 친구와 전화로 대화하는 것을 우연히 듣게 되었는데, 그 내용이 사뭇 충격적이었다는 것이다.

"너는 해봤니? 나는 안 해봤어. 좋았어? 바람피우면 어떻게 할래? 나랑 또 뭐 하고 싶어? 안고 자는 거? 그래, 그거 해줄게."

대화 내용으로 유추하건대, 아들의 여자 친구는 성경험이 있는 것 같다고 했다. 순진한 아들 녀석이 질 나쁜 여자 친구와 무슨 일을 벌이는 건 아닌지 걱정이라며 전전긍긍했다.

"이제 학원 다니며 공부 좀 하나 했는데, 도대체 무슨 생각인지 속에서 천불이 나요. 붙잡고 앉아 이야기를 해봐야 할까요? 아니면 이대로 좀 더 지켜봐야 할까요? 이제 겨우 중학교 1학년인데……."

부모 입장에서는 평범하게 자랄 줄 알았던 아들이 여자 친구와 이런 대화를 주고받는다면, 그 자체가 심장이 멎을 만큼 충격적인 사건일 수 있다. 하지만 사실 이것은 지극히 평범한 중학교 1학년 아이들의 대화다.

2005년 무렵부터 〈십대들의 쪽지〉로 오는 상담 편지에서 성(性)에 대한 내용이 사라졌다. 아이들은 더 이상 성에 대해 묻지 않는다. 묻지 않아도 충분히 알고 있기 때문이다. 초등학교 5학년 수학여행 동안 밤새워 하는 이야기가 성관계를 하는 방법이다. 말로만 하는 게 아니라, 직접 몸으로 시연해가며 서로 정보를 나눈다. 어쩌면 40대인 부모보다도 더 많은 성적 용어와 체위를 알고 있을지도 모른다.

질병관리본부가 조사한 '2016 청소년건강행태온라인조사'에 따르면, 성관계 경험이 있다고 응답한 학생들의 성관계 시작 평균 연령은 만 13.2세라고 한다. 이것은 2010년 조사의 13.6세보다 더 낮아진 수치다.

성을 '놀이'로 즐길 줄 안다

지금의 십대는 부모 세대와는 다르다. 성이 더 이상 신비하지 않다. 인터넷이 성에 대해 지나칠 정도로 자세하게 보여주고 가르쳐주기 때문이다. 초등학교 5, 6학년만 돼도 음란 사이트 10개 정도는 알고 있다. 합법적으로 성욕을 해결할 수 있는 길이 막혀 있을 뿐, 십대의 성에 대한 지식이나 갈망은 어른보다 오히려 구체적이다. 그렇기 때문에 지금의 십대는 성을 보고 즐기는 수준을 넘어서, 자기들만의 방식으로 놀이로 재생산해내고 있다.

한 여선생님이 학기 초에 겪었던 일이라며 들려준 이야기가 있다. 그 선생님은 중학교 1학년을 가르치고 있었는데, 문제를 내주고 풀기를 기다리는 동안 한 남학생이 뜬금없이 '결혼을 하셨느냐'는 질문을 했다. 선생님은 '결혼했고 아이도 있다'면서 아이 사진을 보여주자 예상치 못한 대답이 돌아왔다.

"어, 선생님 처녀인 줄 알았는데……. 그럼, 선생님 섹스 해보셨겠네요?"

선생님의 자녀 사진을 보고 묻는 말이 '이름이 뭐예요? 누구 닮았어요? 몇 살이에요?'가 아니라 성경험 여부라니, 어떻게 이런 질문이 나올 수 있었을까?

그것은 아이들의 머릿속에 성에 대한 질문과 정보가 한 자락 깔려 있다는 뜻이다. 나쁘게 말하면 야동 한 편을 한쪽에서 재방송하고 있다는 뜻이다. 그 방송이 어떤 계기를 만나면 때와 장소를 가리지 않고 튀어나온다. 최근 2~3년 사이에 아이들에게 갑자기 나타난 변화다.

야한 동영상에 익숙해진 아이들은 평범한 상황을 보고도 거기에서 성적인 요소를 끌어내 이야기를 만들어낸다. 그리고 그것을 크게 떠들면 주변 아이들도 함께 웃으며 즐거워한다. 삼삼오오 모여 비밀리에 주고받던 성 이야기가 이제는 때와 장소에 상관없이 나누는 대화

소재가 되었다. 부끄러움도 주저함도 없는 것이 더 문제다.

'팬픽(Fan Fiction)'이라는 이름으로 여학생들이 노트에 써 내려가는 글은 어설픈 사랑 고백이 아니다. 그 속에는 부모 세대의 그 어떤 빨간책보다 더 저속하고 자극적인 용어들이 적혀 있다. 아이는 친구들과 어울려 성행위를 묘사하는 팬픽을 노트에 써서 돌려 읽는다. 팬픽을 통해 자신이 좋아하는 연예인과 섹스를 하고 동성애를 즐긴다. 성행위의 대상이 인기 있는 연예인이기 때문에 또래 사이에는 더 스릴 있고 강한 공감대가 형성된다. 게다가 주인공이 절대 닿을 수 없는 흠모의 대상이기에 그저 '놀이'일 뿐이라고만 생각한다. 그래서 죄책감도 느끼지 않는다.

"친구랑 재미 삼아 써본 거예요."

어른이 보기에도 거북한 이야기를 십대는 '그 정도는 그냥 즐기는 수준'이라며 대수롭지 않게 말한다. 부모 세대의 성에 대한 호기심은 어른들이 모두 외출한 친구 집에 몰려가서 부모님이 숨겨둔 야한 비디오를 찾아보는 정도였다. 그러나 요즘 아이들은 어두컴컴한 곳에 모여서 몰래 금지된 책이나 사진을 볼 필요가 없다. 필요한 모든 정보가 이미 손 안에 있기 때문이다. 스마트폰이 가져온 폐해 중 하나다. 성행위와 강간과 살인과 자살……. 이 모든 것을 아이들이 합법적으로 보고 있다. 그리고 이런 내용이 인터넷과 SNS 등을 통해 순식간에 퍼진다.

가장 무서운 점은 현실적으로 아이들을 음란물로부터 완전히 차단시킬 방법이 없다는 것이다. 부모가 집 안에서 아무리 감시를 하고 통제를 해도 아이들은 집 밖에서 친구들을 통해 얼마든지 음란물을 보고 들을 수 있다.

'아이의 사생활'이라는 미명하에 허용되는 스마트폰의 비밀번호, 그 뒤에서 아이는 무엇을 하고 있을까? 아이에게 가장 비교육적이고 치명적인 세상이 펼쳐지고 있을지도 모를 일이다.

어른의 권위가
통하지 않는다

평소 친분이 있던 지인이 초등학교 5학년 딸아이의 담임교사가 학기 중에 교체될 뻔한 사건이 있었다며 이야기를 꺼냈다. 담임은 초임 발령을 받아 온 여선생님이었는데, 아이들을 통제하지 못할 정도로 성격이 순했다고 한다. 시간이 지나자 아이들이 하나둘 선생님의 말을 무시하기 시작했고, 수업 시간에 점점 떠들고 집중을 안 하더니 급기야 마음대로 책상을 들고 돌아다니고 선생님의 컴퓨터 패드를 칼로 잘게 잘라놓는 등 학급 전체가 선생님을 '농락'하는 상황에 이르렀다.

　10월이 되어서야 이런 사실이 외부에 드러났고, 이를 알게 된 부모들은 교장실로 찾아가 아이들이 담임 때문에 공부를 할 수 없으니 교체해달라고 요구했다. 교장 선생님은 두 달 정도만 있으면 겨울방학이고, 또 부모들의 요구대로 담임을 교체하는 선례를 남기는 건 곤

란하다며 부모들을 설득해 서로 주의하는 선에서 일단락을 지었다고 한다.

지인 옆에는 딸도 함께 있었는데, 그 사건을 이야기할 때 아이는 고개를 뒤로 15도 정도 젖히고 여유 있는 표정을 지었다. 그 모습을 보니 아이의 머릿속에 어떤 생각이 들어 있는지 훤히 보였다.

'담임 선생님은 우리를 컨트롤 못해요. 우리를 못 따라오죠.'

나이에 비해 순진한 아이였지만 선생님을 무시하는 말투와 표정은 그대로 드러났다. 이 아이는 이후 사춘기가 오면서 말썽을 부리기도 했지만 6학년 때 강한 담임교사를 만나면서 서서히 제자리를 찾았다. 하지만 다른 아이들은 6학년이 되어서도 여전히 담임교사를 쥐고 흔들며 학급을 휘젓고 다닌다는 이야기를 전해 들었다. 마음에 들지 않으면 담임 선생님도 얼마든지 갈아 치울 수 있다는 생각이 벌써 아이들의 머릿속에 들어간 것이다.

지방으로 강연을 갔을 때 서울에서 전학 온 중학교 2학년 남학생이 선생님 앞에서 욕을 했다는 이야기를 들었다. 선생님이 그러면 안 된다고 혼을 냈더니 "내가 다녔던 학교에서는 이런 욕을 해도 선생님들이 아무것도 못해요"라고 대꾸했다고 한다.

실제로 학교나 선생님이 잘못한 아이에게 줄 수 있는 벌칙이 크지 않다. 중학교는 의무교육이기 때문에 정학이나 퇴학을 시킬 수도 없다. 아무리 큰 잘못을 저질러도 일주일이나 열흘 정도 학교에 나와 반성문을 쓰거나 상담을 받는 정도가 대부분이다. 그런데 그렇게 처리되면 아이들은 더 좋아한다. 수업을 안 들어도 되니까.

학교나 선생님은 더 이상 아이들이 무서워하는 존재가 아니다. 담배를 빼앗는 교감 선생님에게 '사유 재산 갈취!'라고 소리를 지른다. 선생님을 무서워하거나 존경하지 않는 것은 학생뿐이 아니다. 아이가 선생님에게 부당한 체벌을 받았다며 학부모가 학교로 찾아와 선생님의 머리채를 잡기도 한다. 그런 부모는 몇 년 후 자신의 아이에게 머리채를 잡힐 수도 있다는 것을 왜 모를까. 교권보다는 아이들의 인권이 중요하다고 하는 시대지만, 그것이 정말 아이를 위한 것인지는 생각해볼 문제다.

권위에 대한 순종을 가르쳐야 한다

학교와 선생님이 무섭지 않은 아이들이 부모라고 무서울 리 없다. 심각한 잘못을 저질러 부모가 혼을 내면 아이는 처음에는 반항하다가 조금씩 가출할 생각을 한다. 가출을 하면 문제의 포인트가 바뀐다는 사실을 알기 때문이다. 아이가 집을 나와 3일 동안 안 들어가면 부모의 관심은 더 이상 아이가 저지른 잘못에 있지 않다. 그저 아이가 무사히 돌아오면 다행이라고 생각한다. '가출을 하면 엄마 아빠가 찾겠지, 3일쯤 지나서 문자를 보내거나 하면 위치 추적을 하겠지, 그러면 모른 척하고 잡혀 가야지…….' 아이의 가출에는 그런 계산까지 들어가 있다.

그다음부터는 아이가 부모를 통제하기 시작한다. 아이가 웃으면서 말 붙여주면 고맙고, 인상 쓰고 가만히 있으면 아이 눈치를 보기 시작한다. 부모는 언제 또 가출할지 모르는 아이가 두려운 것이다. 아이는 부모의 꾸중이나 호통이 더 이상 무섭지 않다. 사고를 치면 며칠 가출을 하면 그만이다. 그동안 부모는 아이의 사고를 수습하고, 아이가 사고 칠 것이 두려워 제대로 혼도 내지 못한다. 아이는 이미 그런 사실을 다 알고 있다.

아이들이 선생님과 부모를 무서워하지 않는 것은 부모님이나 선생님은 싸울 수 있는 대상이 아니라 존경의 대상이라는 것을 가르치지 않았기 때문이다. 어떤 경우에도 해야 될 일, 해서는 안 되는 일의 경계선을 확실하게 가르쳐주면 혼돈이 없다. 정해진 규칙과 기준을 지키지 않았을 때 강력한 처벌이 내려진다는 것을 알면, 아이들도 그 선을 넘지 않으려고 한다. 아이들을 지금과 같은 무질서의 혼돈 속에 빠뜨린 것은 결국 권위를 포기해버린 어른들이다.

"권위라는 것이 가르친다고 세워지나요? 알아서 인정해줘야 하는 거지 가르쳐서 얻을 수 있는 것은 아니잖아요."

맞는 말이긴 하다. 하지만 친구들끼리 역할 놀이를 하면서 어른에 대한 권위를 배울 수는 없지 않은가. 아이가 부모의 권위, 스승의 권위를 인정하도록 어른들이 가르쳐야 한다. 권위에 반하는 것만이 자유가 아니다. 권위 없이, 스스럼없이 친구처럼 자녀와 어울린다고 해서 '의식 있는 부모'가 아니다.

아이에게 지켜야 할 한계를 정해주는 것은 억압이 아니라 그 안에서 자유롭게 움직일 수 있는 보호망을 쳐주는 것이다. 존경해야 할 대상에 대한 권위를 배우는 것은 아이의 자존감을 키워가는 일이다. 부모가 한계나 존경을 가르치지 않는다면 아이는 시간이 갈수록 자기 고집과 혼란 속에서 무질서를 배울 뿐이다.

모든 선택의 기준은
'나의 감정'

"우리 딸 하고 싶은 대로 다 해."

"뭐든 필요한 것 있으면 말만 해. 다 사줄 테니까."

이런 말을 서슴지 않고 하는 부모들을 볼 때면, 정말로 본인이 하고 싶은 것을 제대로 못 해본 한을 아이에게 풀고 있는 것은 아닐까 하는 생각이 든다. 그것이 교육적으로 얼마나 효과가 있는지 없는지는 신경 쓰지 않는 듯하다.

요즘 십대의 행동 기준은 '하기 싫어도 꼭 해야 할 일'과 '옳은 일'이 아니라, '내가 하고 싶은 일'과 '재미있는 일'이다. 좋고 싫은 자신의 감정이 선택의 기준이 된다. 해서는 안 되는 일, 잘못된 일이라도 자신이 재미있고 좋으면 그냥 한다.

꼭 해야 할 일을 하지 않았을 때도 "왜 안 했어?"라고 물으면 "하기 싫어서요"라고 대답한다. 절대 해서는 안 되는 일을 하고도 "그냥 재미있어서 했어요"라고 대답하면 끝이다. 모든 선택의 기준이 철저하게 자신의 기분과 감정에 맞춰져 있다. 다른 사람이 뭐라고 하든 상관없다. 나만 좋으면 그만이기 때문에 간혹 상식적으로 이해할 수 없는 일들을 저지르기도 한다.

아이들이 어릴 때부터 폭력적인 게임에 노출되어 있는 점은 이런 성향을 더욱 부추긴다. 아이들은 게임을 하면서 살인과 폭력을 끊임없이 훈련한다. 자극적인 화면에 짜릿한 재미를 느끼며 어떻게 하면 좀 더 잔인하게, 좀 더 빨리 상대를 죽일 수 있을까 연구하고 실행한다. 문제는 부모와 아이 모두 게임이라서 괜찮다고 생각한다는 점이다. 게임 속에서 무자비하게 사람을 찌르고 총으로 쏘는 경험을 해도 컴퓨터 스위치를 끄고 의자에서 일어나면 완벽하게 현실로 돌아온다고 착각한다. 하지만 우리의 무의식은 눈이나 머리로 들어오는 정보를 현실과 가상의 세계를 구분하지 않고 그대로 축적한다. 그렇기 때문에 폭력적인 게임에 익숙한 아이들은 현실에서 돌발적으로 폭력을 저질러도 저항감이나 죄책감을 느끼지 못한다.

타인의 아픔에 공감하지 못하는 아이들

지금까지 수많은 십대를 만나 상담해본 결과, 상담을 하고도 기운이 빠지는 아이는 '도덕과 가치관이 아예 없는 아이'라고 말할 수 있다.

그런 아이는 사람을 때리고, 거짓말을 하고, 물건을 훔치는 게 잘못이라는 생각 자체가 없다. 내가 기분이 나빠서 다른 애를 괴롭히고 때린 것이 뭐가 잘못되었느냐고 한다. 상대가 얼마나 괴로운지, 아픈지는 그 아이의 관심사가 아니다. 오히려 "쟤 왜 저래. 웃긴다" 하면서 남의 아픔을 비웃는다.

소위 '짱'이라고 불리는 남학생을 만난 적이 있다. 친근하게 학교생활과 친구 관계를 물어보니, 얼마 전 있었던 재미있는 일이라며 한 에피소드를 들려줬다. 교실에서 자신과 친구 세 명이 반 친구 한 명을 의자에 묶어놓고 때렸는데, 괴롭힘을 당한 친구가 울먹이며 말하는 모습이 너무 웃겼다는 것이다. 그 남학생은 친구가 울먹이는 모습을 직접 흉내까지 냈다. 그 친구를 왜 때렸냐고 물었더니 그냥 장난이었단다. 너희는 장난이었어도 그 친구는 죽고 싶을 만큼 아프고 고통스러웠을 거라고 얘기해주었지만 이해를 못하는 눈치였다. 순간, 소름이 끼쳤다. 그 아이가 이대로 어른이 된다면 어떻게 될까 두려웠다. 자기가 누리고 있는 힘이 너무 재미있기 때문에 그 행동들이 어떤 결과로 나타날지에 대해서는 아무 관심이 없기 때문이다.

그런 아이는 말로 설득할 수 없다. 자신이 무엇을 잘못해 나무라는 것인지 이해하지 못하기 때문이다. 어쩔 수 없이 수학 공식을 가르치듯 가르치는 수밖에 없다. 때리는 것은 잘못된 것이다, 훔치는 짓은 해서는 안 된다 하면서 해서는 안 되는 일을 가르쳐야 한다. 물론 아이는 남의 행복도 자신의 행복만큼 중요하다는 것을 영원히 못 배울 수도 있다. 그러나 기회를 만날 때마다 아이에게 지치지 말고 가르쳐야 할 가치관이 있다.

태어나서 몇 년 안에 형성되지 않으면 어른이 되어 배우기 어려운 것들이 있다. 해서는 안 되는 일이나 옳지 않은 일에 대한 기초적인 가치관 등이 그것이다. 〈아름다운 비행〉이라는 영화를 보면 알에서 갓 깨어난 오리 새끼들이 맨 처음 본 소녀를 엄마라고 생각해 줄줄 따라다닌다. 이런 현상을 '각인'이라고 한다. 이른바 '결정적 시기'에 형성된 기억에 근거해서 움직인다는 것이다. 오리에게 생후 17시간이 결정적 시기라면, 인간에게는 생후 10여 년 정도가 결정적 시기다. 그 시기에 형성된 습관이나 태도는 청소년기는 물론, 성인이 된 후에도 삶에 큰 영향을 미친다. 부모가 아이의 생애 초기에 기본적인 가치관을 각인해야 하는 이유다.

옳고 그름에 대한 판단과 훈련이 절실하다

폭력을 휘두른 아이에게 왜 그랬냐고 물어보면 대답이 비슷하다. "그냥 욱해서요." 부모 역시 "아이가 평소에는 착한데 가끔 욱하는 성질이 있어요"라고 말한다. 가끔 욱하는 것은 누구나 그럴 수 있는, 어쩔 수 없는 일 아니냐는 식이다.

그러나 모든 십대 문제가 그 '욱하는' 성질을 참지 못해서 일어난다는 사실을 알아야 한다. 그리고 원래부터 욱하는 성격이란 없다.

'하지 말아야 할 일'이라면 어떤 상황에서도 절대 하지 말아야 한다고 가르치고 훈련시켜야 하는데 그걸 놓친 것이다. 따라서 지금이라도 충동을 자제하도록 가르쳐야 한다. 그게 부모의 역할이다.

학원에 다녀온 딸이 "다녀왔습니다" 하고 인사를 했다. 짜증이 묻어나는 아이의 말투에 엄마가 "너 말투가 왜 그래?" 하며 꾸짖다가 언쟁이 벌어져 엄마가 딸의 뺨을 때리는 행동으로 발전했다. 중학교 2학년인 아이는 "나 죽어버릴 거야!"라고 말한 뒤 그대로 거실을 가로질러 11층 베란다에서 뛰어내렸다. 그때 엄마는 화를 삭이기 위해 방에 있던 차였다. 딸아이의 거슬리는 말투를 고쳐주려고 시작된 일이 돌이킬 수 없는 처참한 결과를 불러온 것이다.

십대가 무서운 것은 이처럼 감정적이고 충동적이기 때문이다. 부모의 말 한마디에 우발적으로 투신자살을 할 수도 있다. 실제로 화가 나면 자신을 제어하지 못하고 폭발하는 아이들을 어렵지 않게 볼 수 있다. 십대 청소년이 담배 피우지 말라고 훈계한 어른을 폭행했다는 뉴스는 새삼스러울 것도 없다. 초등학교 6학년만 되어도 체격 좋은 남학생은 신체적으로 성인 여성을 제압할 수 있다. 선생님이나 부모도 아이에게 충분히 위협을 느낄 수 있다.

"씨×!"

"미친 ×."

어느 학교나 교사에게 욕을 하는 아이들이 있다. 뒤돌아서 혼잣말로 작게 말하는 것이 아니라 선생님 면전에 대고 욕을 내뱉는다.

선생님께 욕을 해선 안 된다는 것을 알고 있지만, 그 순간 화를 참을 수가 없는 것이다. 실제로 초등학교 여교사의 경우, '이 아이가 나를 때릴 수도 있겠구나' 하는 생각이 드는 상황과 맞닥뜨릴 때가 있다고 호소한다. 이처럼 자기 감정을 조절하지 못해 충동적으로 폭력을 행사하는 고학년 남학생들이 초등학교마다 있다.

부모 세대와 달라진 점은 공부도 잘하고 가정환경도 상위권에 속하는 아이들 가운데 이런 문제 행동을 보이는 경우가 많다는 것이다. 집에서 한 번도 자기가 하고 싶은 일을 거절당한 경험이 없는 아이들, 떼를 쓰면 귀찮아서라도 일단 아이가 원하는 대로 해주는 부모와 굳이 성질 죽이며 살 필요 없다고 가르치는 부모 밑에서 자란 아이들은 인내심이 없고 충동적으로 폭력을 휘두를 수 있기 때문에 더 큰 문제가 된다.

피해자가 가해자로
변하는 학교 폭력

누가 봐도 참 순하고 착하게 생긴 중학교 3학년 남학생이었다. 그런데 순한 얼굴에 언뜻 보이는 표정이 복잡하고 다양했다. 겉으로 드러나는 모습이 전부가 아니라는 것은 오랜 경험으로 알기에 아이와 이야기를 해봤다. 그랬더니 역시나 아이는 학교 폭력 문제의 한가운데에 있었다.

민우가 학교 폭력의 피해자가 된 건 중학교 1학년 때였다. 같은 반 친구 성태가 화장실에 같이 가자고 해서 따라갔는데, 화장실에 들어서자마자 무작정 가슴을 때리고 발로 차기 시작했다. "왜 때리냐?"고 물었더니 "그냥 네가 싫어" 하면서 계속 때렸다고 한다.

그날 이후 아무 이유 없이 심심하면 불러서 때리는 일이 반복되었다. 그러다 3개월쯤 지나서 민우의 온몸에 멍이 든 것을 엄마가 발견하게 되었고, 그제야 성태의 부모에게 연락해서 함께 만났다. 성태는 때린 것을 인정했고, 양쪽 부모 앞에서 다시는 민우를 때리지 않겠다고 약속했다. 그리고 다행히 약속대로 더 이상 때리지 않았다. 그런데 2학년이 되자, 또 다른 아이의 폭력이 시작되었다. 이번에는 민우가 여자처럼 예쁘게 생긴 게 '밥맛없다'며 때렸다고 한다. 맞는 일이 다시 반복되자 민우도 오기가 생겼다.

"내가 당할 수 없는 애한테는 맞았지만, 가끔은 나도 나보다 약한 애를 보면 때리고 싶은 생각이 들어요. 내가 맞은 것처럼 패주고 싶은 거죠. 실제로 나보다 약한 애를 데려다 몇 번 때린 적도 있어요. 그래도 내가 맞은 거에 비하면 그 애를 때린 것은 아무것도 아니에요."

나도 이유 없이 맞았으니 그 억울함을 나보다 약한 아이에게 혹은 내가 그냥 싫은 아이에게 갚으면 왜 안 되느냐는 것이 민우의 논리였다. 학교 폭력이 무서운 이유가 여기에 있다. 이유 없이 폭력을 당했던 피해자가 어느 순간 폭력을 되돌려주는 가해자가 된다. 이렇게 학교 폭력의 악순환이 계속 이어진다.

교육부가 발표한 '2018년 1차 학교 폭력 실태조사'에 의하면, 학교 폭력 피해응답률은 전년 대비 0.4% 증가했으며, 특히 중고등학생보다 초등학생 피해응답률이 더 증가한 것으로 나타났다. 피해 유형은 언어폭력(34.7%), 집단 따돌림(17.2%), 스토킹(11.8%), 사이버 괴롭힘(10.8%), 신체 폭행(10.0%) 등의 순으로, 특히 사이버 괴롭힘의 비율이 신체 폭행보다 높아진 점이 주목할 만하다. 중고등학교로 올라갈수록 스마트폰을 통한 사이버 괴롭힘의 비중은 더 높아지는 것으로 나타났다.

사이버 괴롭힘은 SNS나 카톡, 문자, 이메일 등을 이용해 특정 대상을 집단적으로 따돌리거나 반복적으로 괴롭히는 행위를 말한다. 기존의 집단 따돌림과 달리 시공간 제약이 없는 사이버 공간에서 이뤄지기 때문에 당하는 학생들은 24시간 내내 집단 공격에 노출될 위험이 있다.

최근 '멤버 놀이'를 하던 고등학교 1학년 여학생이 자살한 안타까운 일이 있었다. 멤버 놀이란 서로 얼굴도 이름도 모르는 사이지만, 같은 연예인을 좋아하는 사람들끼리 온라인에서 만나 친분을 쌓고 그 연예인에 관한 정보를 공유하는 것을 말한다. 십대 사이에 유행처럼 번지고 있는 연예인 놀이로, 해당 연예인의 사진이나 글을 올리면 온라인 친구들이 댓글로 관심을 갖고 호응해준다. 한 보이그룹을 좋아했던 이 여학생은 익명 채팅방에서 멤버 놀이를 하던 중 한 무리로부터 '자신들한테 사과해야 하는 어떤 사람이 사과하지 않으니 그 사람과 잘 아는 네가 대신 사과하라'는 요구를 받게 되었다. 그런데 이를 거부하자 사이버 괴롭힘이 시작되었다. SNS 상의 저격과 인신공격은 물론이고, 익명 채팅방에 여학생의 사진과 신상 정보가 노출되었다. 모욕적인 욕설과 '찾아가 죽이겠다'는 협박도 계속되었다. 누구에게도 말하지 못하고 극심한 스트레스에 시달리던 여고생은 끝내 극단적인 선택을 하고야 말았다.

스토킹이나 사이버 괴롭힘 등은 부모 세대에서는 상상조차 못했던 새로운 형태의 폭력이다. 친목을 목적으로 한 연예인 놀이가 이렇게 무서운 사이버 폭력으로 변질될 수 있다는 점에서 온라인 활동을 절대 방관해선 안 된다.

강력한 처벌이 없는 게 문제

강력하고 구체적인 법은 분명 학교 폭력을 없애는 데 도움이 된다. 그러나 우리의 현실은 그렇지 못하다. 실제로 가해 학생에게 내릴 수 있는 처벌이 많지 않다. 피해 학생이 학교 폭력을 당했다고 주장할 경우 교내에서는 학교폭력자치위원회(이하 학폭위)가 열리며, 여기서 학폭위 위원들은 피해 학생과 가해 학생 진술, 제3자의 증언 등을 통해 진위 여부를 가리게 된다. 시시비비를 따져 잘못이 인정되었을 때 가해 학생이 10세 미만일 경우에는 해당하는 법이 없어 처벌을 면하게 되고, 10세 이상~14세 미만은 소년법에 따라, 14세 이상~19세 미만은 형법에 따라 형사책임능력자로 인정하여 처분을 받게 된다. 그러나 증거를 보여주며 가해 학생과 피해 학생의 잘잘못을 가려내는 일은 생각보다 쉽지 않다. 더욱이 학교 측도 이런 일에 능동적이지 않다.

학교 측에서 내릴 수 있는 징계 처분으로는 총 9단계가 있는데, 이중 가장 강력한 조치가 강제 전학이나 퇴학 처분이다. 하지만 현실적으로는 처벌 수위가 높지 않다. 2012년 조사 결과를 보면 서면 사과(20.0%)가 가장 비중이 높았고, 그다음이 사회봉사(17.1%), 특별교육 이수 또는 심리치료(14.6%), 학급 교체(11.6%) 순으로 나타났는데, 이러한 결과는 지금도 별반 다르지 않다. 이런 처벌로는 학교 폭력의 악순환을 끊을 수 없다.

최근 정부는 형법과 소년법을 개정해 나쁜 짓을 저질러도 형사책임을 지지 않는 '형사 미성년자' 연령을 14세 미만에서 13세 미만으로 낮추는 쪽으로 법을 개정할 전망이라고 한다. 폭력을 휘두르는 아이들의 나이가 점점 어려지고 있어서 그에 맞춘 방안으로 보인다. 하지만 처벌 수위와 함께 학교 폭력이 되풀이되지 않도록 교육 방안도 병행되고 있는지 의문이다.

부모님 직장을 따라 한국에서 호주로 온 초등학교 4학년 남자아이가 점심시간에 장난을 치다 옆에 앉은 호주 친구를 살짝 밀쳤다. 그 아이는 낮은 통나무 의자에서 미끄러지며 엉덩방아를 찧었고, 이 일은 교장 선생님께 보고되어 부모님이 학교에 불려 갔다. 교장 선생님은 학교 안에서 다른 친구를 밀치는 것은 용납할 수 없는 폭력이고, 한 번만 더 이런 일이 생기면 아이를 다른 학교로 전학시키든지, 아니면 학교에서 쫓아내겠다고 경고했다.

당황한 것은 역시 한국 부모였다. 한국에서는 시빗거리도 되지 않는 일이 호주에서는 학교에서 내쫓길 만한 폭력이라니……. 그러나 그것이 호주의 법이다. 어떤 이유, 어떤 형식이든 학교 안에서 폭력이나 폭언은 절대 용납되지 않는다. 자신의 감정대로 말하고 행동했다간 친구들과 격리되고 학교에서 쫓겨나게 된다는 사실을 아이들도 잘 알고 있다.

그렇다면 호주 아이들은 어떻게 약한 아이를 괴롭히고 때려주고 싶은 욕구를 참을 수 있을까? 남에게 피해를 주면 살아남을 수 없는 사회 문화나 가정교육의 영향도 무시할 수 없지만, 그에 앞서 구체적이면서도 강력한 학교의 제재와 법이 있기 때문이다. 한 아이는 약하지만, 그 아이 뒤에 버티고 서 있는 학교와 법은 냉정하고 강하다는 것을 일찍부터 배워서 알고 있다.

멀쩡한 친구를 세워놓고 단지 재수 없다는 이유로 물을 뿌리는가 하면, 돈을 빼앗고 애완동물 취급을 하는 대한민국의 학교에서는 꿈만 같은 일이다. '펫'으로 불리며 온갖 굴욕적인 심부름을 다 해주는 아이는 오히려 친구들에게 '시킨다고 다 하는 네가 문제'라는 식의 배척을 당한다. 학교에서든 가정에서든 아이들은 어떤 형태의 정신적인 위협이나 신체적인 폭력으로부터도 보호받아야 하는데 그렇지 못한 것이 우리의 현실이다.

학교 폭력의 악순환을 막아야 한다

폭력을 휘두른 가해 학생의 대부분은 "장난으로 그런 거지 진짜로 때린 것은 아니다"라고 변명한다. 가해 학생의 부모는 그 무책임한 말을 근거로 자기 자식의 무고함을 주장하기도 한다. 학교 폭력이 난무하는 데에는 이와 같은 어른들의 잘못된 인식도 한몫하고 있다. 특히 피해 학생 부모가 가해 학생 부모에게 선도나 시정을 요청하거나 항의할 경우, "아이들 장난에 어른이 낄 필요가 있나요?"라고 하거나 "당신 자식이나 똑바로 가르치세요" 하며 도리어 화를 낸다. 또한 대부분의 부모들이 자녀가 왕따 및 폭력 가해자인 것을 알아도 가해 사실을 부인하고 사건을 축소하려고 한다. 우리 애는 절대 그럴 리가 없다면서 일방적으로 감싸려고만 한다. 가해를 인정하면 자녀가 학교에서 처벌이나 징계 등 불이익을 받는다고 생각하기 때문이다. 일부 부모들은 약한 처벌을 유도하기 위해 있지도 않은 '쌍방 폭행'을 주장하기도 한다.

아이들이 학교 폭력에 무방비로 노출되어 있다. 내 아이만 착하게 잘 키운다고 해결되는 문제가 아니기 때문에 더욱 좌절감이 밀려온다. 폭력에 무뎌져가는 사회, 어른들의 잘못된 인식, 부적절한 대응, 인성 교육의 부재……. 그 속에서 우리 아이들이 병들어가고 있다. 그러나 병든 사회와 다른 아이를 탓하기 전에 내 아이부터 내 품에서 바르게 키우는 것이 부모가 할 수 있는 일이다. 내 아이를 바르게 가르치면 주변에 있는 아이들도 안전해진다.

꿈꾸기엔 너무 늦었다고
생각하는 아이들

호주 연수 중 강의 시간에 열심히 노트에 그림을 그리는 아이를 발견했다. 아이는 그림이 그려진 노트를 보여달라고 하자 꾸중을 듣는 줄 알고 망설였다. 얼핏 보니 페이지마다 그림이 빼곡했다.

"그림을 잘 그리네. 너 그림에 소질 있구나. 이쪽으로 재능을 살려보는 게 어때?"

"전 이미 늦었어요."

"늦다니?"

"그림을 하려면 예중에 가서 예고를 준비해야 하는데, 전 이미 중2잖아요."

"늦었다고 누가 그래?"

"엄마가요. 그렇게 하려면 최소한 초등학교 3학년이나 4학년 때부터 목표를 세우고 체계적으로 학원도 다니고 준비를 했어야 한대요. 이젠 공부나 하래요."

요즘 중학교 2학년은 그림이나 음악은 물론 발레도, 무용도, 축구도, 농구도, 어떤 특별한 일도 시작할 수 없다고 믿는다. 그런 건 초등학교 때부터 준비해서 특별한 중학교를 거쳐 특별한 고등학교를 가야만 할 수 있다고 들었기 때문이다. 부모의 잘못된 믿음이 아이들의 꿈을 빼앗아가고 있다.

3,800명의 청소년을 대상으로 꿈에 관한 설문조사를 한 적이 있다. 놀랍게도 83%의 청소년이 '꿈이 없다'고 대답했다. '난 잘하는 게 없다, 이 성적으로 꿈을 꾸는 것은 사치다'라는 부정적 시각을 갖고 있었다. 자신의 가능성을 찾기도 전에 '난 안 돼, 난 틀렸어, 난 못해'라며 스스로에게 부정적인 평가를 내리고 있었다.

아이들은 보고 듣고 경험한 만큼 꿈꾼다

호주 연수 프로그램에서는 아이들에게 모든 것이 가능하다면 어떤 일을 하고 싶은지 10년, 20년 후의 모습을 기록하는 시간을 갖는다. 발표를 시켜서 꿈이 가장 큰 아이에게는 상도 준다. 처음에는 아이들이 지금의 현실보다 조금 나아진 자신의 모습을 그리는 데 그친다. '모든 것이 가능하다'는 조건을 줘도 35명 중에 32등 하는 아이라면 20등 정도 하는 꿈을 꿀 뿐이다. 현실보다 조금 나아진 상황이지, 사실 이것은 꿈이 아니다. 그런데 의외로 많은 아이들이 꿈을 이렇게 생각한다.

상상조차 해보지 못한 일은 현실이 될 수 없다. 나는 "정말로 네가 되고 싶은 모습을 한번 상상해봐"라면서 꿈을 만든 아이들의 글을 읽어주며 우리 동네, 우리 학교, 우리나라를 벗어나 온 세계를 무대로 꿈을 꾸고 구체적으로 그려보라고 말한다. 그러면 아이들은 기가 막힌 꿈을 만들어낸다.

꿈을 꾸기 위해서는 그 꿈과 연관된 경험이 필요하다. 책을 읽거나 하다못해 영화나 드라마에서라도 그런 직업이나 일, 공부, 여행지 등과 관련된 간접 경험이 있어야 한다. 그래야 흥미를 갖고 공부하게 되고, 자신의 미래를 그릴 수 있다. 스스로 예술에 소질이 있는 것 같다며 막연히 그 분야를 공부하겠다는 아들에게 일 년 정도 변호사를 주인공으로 하는 미국 드라마를 시리즈로 보여줬더니, 어느 날 그 드라마 속에서 마음에 드는 주인공을 찾아내 '나도 저 사람처럼 뉴욕에서 변호사로 일하고 싶다'면서 진로를 바꾸게 되었다. 법대는 죽어도 아니라고 했지만 즐기면서 법을 공부했다. 아이가 꿈을 찾아가는 동안 궤도 수정을 해주는 것도 부모의 중요한 역할이다.

지금 우리나라 십대의 불행한 점 중 하나는 간접적으로라도 직업의 세계를 경험할 수 있는 기회나 통로가 많지 않다는 것이다. 세상에는 수만 개의 직업이 있고 그 직업마다 모두 다른 특성과 자질을 요구한다. 아무리 좋은 것이라도 알지 못하면 하고 싶은 생각도, 되고 싶은 욕심도 생길 수 없다. 아이들의 상상력을 자극할 실마리가 있어야 한다.

"나는 커서 유흥업소 사장이 될 거예요."

그 말을 하는 중학교 1학년 남학생의 말투와 표정에는 '선생님은 반대하겠지만 난 이미 마음을 정했으니 그런 줄 아세요'라는 뉘앙스가 담겨 있었다. 나는 덤덤하게 되물었다.

"그래? 그것도 괜찮지. 구체적으로 어떤 유흥업소를 말하는 거니?"

"PC방하고 당구장하고 바(Bar)요."

"왜 그런 꿈을 갖게 됐어? 특별한 이유가 있어?"

"제 친구 아버지가 PC방하고 당구장하고 바를 가지고 있는데, BMW를 타고 다녀요. 나도 그렇게 살고 싶어요. 언제 한 번 봤는데, PC방 일주일 수입이 얼만 줄 아세요?"

"글쎄, 난 잘 모르겠는데……."

"450만 원이나 돼요."

"와! 많네."

"일주일에 그 정도면 많잖아요. 저도 그렇게 PC방이랑 당구장이랑 바를 하나씩 운영하고 싶어요."

"그랬구나. 그런데 너 혹시 이런 건 생각해봤니? 일주일에 450만 원 버는 사람도 있지만, PC방 같은 거 운영하지 않고도 한 시간에 450만 원 이상 버는 사람도 있다는 거 말이야."

"누가 그렇게 벌어요?"

"한 분야의 전문가들은 그보다 더 많이 벌지. 오프라 윈프리 같은 경우는 1분에 수백만 원을 번다고 해. 어쨌든 그런 직업도 많다는 것을 참고하라고 하는 말이야."

그런가 하면, 한번은 초등학교 6학년 여학생이 자신의 장래 희망은 '사채업자'가 되는 것이라고 당당하게 발표했다.

"왜 사채업자가 되고 싶니? 사채업자가 무슨 일을 하는 사람인지 알고 있니?"

"사채업자는 돈을 빌려주고 이자 받는 사람 아니에요?"

"그렇지. 아주 높은 이자를 받는 사람이지. 돈이 급한 어려운 사람들에게 말도 안 되게 높은 이자로 돈을 빌려주고 받아내는 사람들이지."

"제 친구 삼촌이 사채업자래요. 제 친구 할머니가 돌아가셨을 때 장례식장에 갔거든요. 그런데 거기에 검은 양복을 입은 사람들이 50명 정도 와서 양쪽으로 줄 서서 90도로 인사를 하더라고요. 그 사람들이 너무 멋져서 물어봤더니 사채업을 하는 삼촌이 데려온 사람들이랬어요. 너무 멋지지 않아요? 저도 사채업자가 돼서 그렇게 멋진 검정색 양복 입은 사람들을 데리고 다니고 싶어요."

아이들은 자신이 직접 경험하거나 보고 들은 간접 경험 속에서 꿈을 찾는다. 그런데 많은 부모가 아이가 어릴 때는 피아노 학원, 미술 학원, 태권도 학원 등을 매일 쉴 틈도 없이 보내다가 정서적, 인지

적 자극이 필요한 사춘기가 되면 '공부에 도움이 안 된다'는 이유로 모두 끊어버린다. 공부 외에 다른 세계를 경험할 수 있는 기회를 완전 봉쇄하는 것이다. 그러고는 "넌 왜 꿈이 없냐?"고 몰아붙인다. 공부 말고는 경험하는 것이 없는데, 아이들이 뭐가 되고 싶다고 어떻게 말할 수 있겠는가. 아이들은 보고 듣고 경험한 만큼 꿈꾼다.

"힘들지? 괜찮아. 잘하고 있어!"

"우리 엄마는 날 사랑하지 않는 것 같아요."

부모가 가장 억울해하는 부분이 바로 이것이다. '사랑해', '사랑한다'를 입에 달고 산다고 생각하는데, 정작 아이는 사랑받지 못하는 존재라고 느끼고 있다니……. 그 이유가 무엇일까?

"전 할 줄 아는 게 아무것도 없어요. 공부도 그냥 그렇고, 그림도 못 그려요. 사교성도 없고 체육도 못해요. 성격은 왕따 당하지 않을 정도예요. 어둡지만 밝은 척해요. 엄마는 공부 걱정만 하며 맨날 한숨 쉬세요. 되는 일도 없어요. 시험도 망쳤고, 수행평가 점수도 엉망이에요. 일주일 후면 제 생일인데, 생일 주간에 이렇게 슬프고 재수 없는 사람은 없을 거예요. 전 태어나는 게 아니었나 봐요. 이 자리는 제가 있을 자리가 아닌 것 같아요."

중학교 1학년 남학생은 상담하는 내내 자신이 아무에게도 사랑받지 못하고, 인정받지 못하는 존재라고 이야기했다. 그런데 과연 이 아이의 부모도 그렇게 생각하고 있을까? 자신들이 아이를 사랑하지 않고 있다고?

청소년을 대상으로 한 통계를 보면 '자신은 부모에게 사랑을 받지 못하고 있다'고 대답한 경우가 80%를 넘는 반면, 똑같은 질문을 부모에게 던지면 100%가 '자식을 사랑하고 있다'고 대답한다고 한다. '나보다 자식을 더 사랑하는 사람이 있으면 나와 보라'고 할 만큼 부모는 자식 사랑에 자신이 넘치는데, 정작 자식은 부모에게 사랑받지 못한다고 느낀다. 참 아이러니한 일이다.

"우리 엄마는 퇴근 후 늦게 집에 와서 저에게 하는 말이 '오늘 학원에서 이런 문자가 왔는데 너 왜 그랬어?'예요. 혼낼 때만 저랑 이야기해요. 제가 잘한 것은 절대 말 안 해요."

부모는 늦게까지 일해서 학원비를 내주는 것이 자식을 사랑하는 방법이라고 생각한다. 그래서 아이가 뭔가 잘못한 일이 있을 때 아이를 앉혀 꾸중할 시간을 갖는다. 부모는 대화라고 여기지만 아이 입장에서는 잘할 때는 말이 없다가 잘못한 일만 생기면 잔소리를 듣게 되니 억울할 뿐이다. 아이들은 설령 자신이 잘못한 일이 있더라도 꾸중 섞인 대화 대신, "힘들지? 괜찮아. 지금도 잘하고 있어" 또는 "앞으로 잘하면 돼"라고 자신을 인정해주는 말을 듣고 싶어 한다. 그들의 방식으로 부모의 사랑을 확인하고 싶은 것이다.

십대는 부모에게 인정받고 싶다

전국에서 모인 십대 아이들과 호주 연수를 가면 아이들은 새벽 3~4시까지 나를 기다려서라도 자기 이야기를 하고 싶어 한다. 침대에 앉아 졸면서도 자신의 이야기를 들어달라고 한다. 아이의 부모에게 아이가 먼저 대화하고 싶어 했다고 말하면 모두 깜짝 놀란다.

"제가 얘기 좀 하자고 할 땐 할 얘기 없다고 문 '쾅' 닫고 들어가던 애가 선생님께는 먼저 와서 이야기하자고 했다고요? 정말 우리 애가 먼저요?"

부모들은 믿을 수 없다는 듯, 정말로 아이가 먼저 이야기를 하자고 했는지 몇 번이나 되묻는다.

왜 아이가 먼저 이야기를 하자고 했을까? 십대는 모두 자신의 이야기를 하고 싶어 한다. 왜냐하면 자신도 자기 문제에 해답을 찾을 수 없기 때문이다. 그래서 자기 이야기를 있는 그대로 듣고 이해해주며, 그것에서 한 걸음 나아가 방향 제시를 해줄 수 있는 사람을 원한다.

"선생님이 생각할 때 전 어때요?"

아이들은 종종 내게 묻는다. 그러면 난 아주 사소한 것이라도 평소 눈여겨본 좋은 점이나 특별한 점을 생각해 "넌 참 그런 면에서 특별하더라" 하면서 "너도 잘하고 있어. 잘할 수 있어. 걱정하지 마"라고 말해준다. 그 짧은 순간 주고받은 몇 마디를 몇 년 동안 기억하는 아이도 있다.

주의해야 할 점은 아이와 상관없는 이야기를 무성의하게 하거나 어디서나 들을 수 있는 무의미한 칭찬으로 대화를 끝내서는 안 된다는 것이다. 반드시 아이와 관련된 구체적인 칭찬의 말이어야 한다. 만약 아이를 유심히 관찰하지 못했는데 그런 질문을 받게 되면 "음, 지금은 잘 모르겠는데 하루나 이틀만 시간을 주면 선생님이 널 특별히 지켜보고 이야기해줄게. 괜찮지? 며칠 후에 다시 선생님한테 물어봐" 하고 약속한다.

아이들은 언제나 자신에 대해 긍정적인 이야기를 듣고 싶어 한다. 미래에 희망이 있다는 말을 듣기 원하고, '지금 그대로의 너도 멋지다'는 인정의 말을 듣고 싶어 한다.

'내가 지금 사랑받고 있는 존재인가?'라는 물음에 주저하지 않고 '네'라고 대답하는 십대를 만나기가 어렵다. 오르지 않는 성적 때문에, 뚱뚱한 몸 때문에, 엄마 친구 딸보다 좋은 학교에 가지 못했기 때문에 부모에게 끊임없이 비교당하고, 그로 인해 부족한 자존감을 갖게 된다. 친구들과 있을 때는 괜찮은데 부모 앞에만 서면 초라해진다.

'정말 부모라는 게 왜 존재하는지 모르겠다. 피곤하고 하찮은 존재들 같으니······.'

'재수 없다. 죽이고 싶다. 이런 인간들이 왜 부모가 됐을까?'

믿을 수 없겠지만 이것은 카톡 대화창 속 아이들의 표현 그대로다.

"우리 엄마는 시험 못 본다고 학원을 보내주지도 않아요. 솔직히 기분 더러워요. 나를 낳아준 부모라지만 시험 좀 못 본다고 격려는 못해줄망정 패기나 하고. 빨리 커서 독립하고 싶어요. 그리고 엄마 아빠랑 연락을 끊고 살고 싶어요."

부모 눈으로 보면 이런 말을 하는 아이가 버릇없고 막 자란 아이처럼 보일 수 있지만 실상은 그렇지 않다. 단지 부모에게 인정받고 싶고, 기대의 말을 듣고 싶은 평범한 아이일 뿐이다.

십대는 부모의 '기다려주는 사랑'이 가장 필요한 시기에 그 사랑을 못 느끼고 있다. 부모의 무심한 말과 습관적인 행동 때문에 사랑이 아닌, 지울 수 없는 상처를 받고 있다.

아이는 하루아침에 괴물이 되지 않는다

부모는 아이가 말대답을 하거나 거칠게 행동하면 '이제 우리 아이에게도 사춘기가 왔구나' 하면서 아이의 거칠고 예의 없는 행동이나 말투를 인정하고 묵과한다. 사춘기 증상들을 말없이 받아주는 것이 아이의 변화를 민감하게 감지하고 재치 있게 대응하는 교육적인 부모라고 생각하기 때문이다. 그럴 때마다 화를 내거나 정색을 하고 따지면 아이가 어떻게 숨을 쉬겠느냐면서 아이의 버릇없는 행동에 관대해지기도 한다.

그러나 과연 버릇없는 말투와 절제되지 않은 행동, 언제 터질지 모르는 뇌관을 가지고 부모를 불안하게 만드는 것이 사춘기 아이의 특징일까? 아이가 그저 학교만 제대로 다녀주고 큰 사고만 치지 않으면 고마워해야 하는 걸까? 부모는 아무 대책 없이 아이가 스스로 사춘기의 터널을 빠져나오기를 기다리고만 있어야 할까? 부모가 사춘기 아이를 위해 할 수 있는 일이 과연 하나도 없을까?

많은 부모가 훈련되지 않은 생활습관에서 비롯된 문제들을 모두 '사춘기 증상'으로 여긴다. 가만히 내버려두면 감기가 낫듯이 사춘기 증상도 사라질 것이라고 믿는다. 그러나 부모가 고쳐주지 않으면 사라지지 않는다. 계속 모양과 형태를 바꿔가며 아이에게 나쁜 습관으로 정착된다.

아이에게 사춘기가 왔다는 것은 이제 다 키웠으니 손을 떼라는 것이 아니라, 부모가 아이의 말과 행동을 살펴 새로운 가이드라인을 정해줄 때가 되었다는 뜻이다. 그렇게 하지 않고 방치하다가 어느 날 사건이 터지면, 그제야 우리 아이가 괴물이 되었다고 한탄을 한다.

"초등학교 저학년까지만 해도 말 잘 듣고 대답도 공손하게 하고 착했어요. 공부도 잘했고요."

이렇게 시작되는 엄마들의 넋두리는 대부분 "그런데 아이가 중학생이 되더니……"로 넘어가면서 극적인 반전을 이룬다. 마치 착하기만 했던 아이가 중학생이 된 후 어느 날 갑자기 DNA 변화를 일으켜 듣도 보도 못한 괴물로 변해 평화로운 집안을 뒤엎은 것처럼 이야기한다.

하지만 십대 아이들은 어느 날 갑자기 변하지 않는다. 그간 작은 사인을 계속 보내고 있었지만, 부모가 그 사인을 놓쳤거나 보지 못했을 뿐이다. 설령 봤어도 저 나이 때는 으레 그러려니 하면서 넘어갔거나 이래라저래라 간섭하면 오히려 애가 더 엇나가고 반항할 것 같아서 그냥 두고 보았을 것이다.

사춘기 첫 징후를 놓치지 마라

사춘기 징후는 아이의 말이나 행동에서 시작된다. 어느 순간 아이의 말투가 불손해진다. 말끝이 짧거나 퉁명스럽게 대답하거나 기분이 나쁘다는 뜻으로 혀를 차거나, 돌아서면서 '아이 씨!'를 내뱉는다. 아이가 그러면 많은 부모는 기분이 나쁘긴 하지만 '저 정도야, 뭐' 하면서 그냥 넘어간다. 왜 그럴까? 아이의 감정을 이해해줘야 좋은 부모라고 착각하기 때문이다. 그러나 아이의 감정을 이해해주는 것과 잘못된 행동을 그때그때 잡아주지 않는 것은 완전히 다른 이야기다. 이럴 때는 감정을 상하지 않게 신경 쓰면서 잘못된 행동을 잡아줘야 한다.

어떤 부모는 아이와 싸우는 게 귀찮고 힘들기 때문에 그냥 참기도 한다. 하지만 힘들고 어디까지 어떻게 잡아줘야 할지 모른다고 해서 참고 넘어가선 안 된다.

생텍쥐페리의 소설 《어린왕자》에는 바오밥나무 이야기가 나온다. 싹이 나올 때는 바오밥나무와 장미의 생김새가 같아 구별이 안 되지만, 바오밥나무 싹을 뽑지 않고 그대로 놔두면 별을 파괴할 정도로 크게 자라난다. 그렇기 때문에 싹이 나오는 순간부터 관심을 가지고 계속 지켜보다가 바오밥나무로 보일 경우에는 지체 없이 뽑아야 한다.

    사춘기 문제 역시 마찬가지다. 시작은 별것 아닌 것처럼 작아 보이지만, 그대로 자라나면 돌이킬 수 없는 심각한 결과를 초래할 수 있다. 아이가 처음 보여주는 신호도 바오밥나무와 장미의 새싹처럼 좋은 신호인지, 나쁜 신호인지 구별할 수 없는 경우가 많다.

    방법은 하나다. 아이가 보여주는 말투와 행동 변화, 눈빛, 웃는 모습, 앉는 자세, 걸음걸이, 감정 표현, 잠잘 때 모습까지 늘 관심 갖고 지켜봐야 한다. 아이는 어느 날 갑자기 괴물이 되지 않는다.

TIP 요즘 십대의 특징

- 초등학교 4학년이면 사춘기가 시작된다.
- 겉으로 봐선 문제아와 모범생을 구별할 수 없다. 치마 길이가 짧다고 문제아가 아니며, 공부를 잘한다고 모범생이 아니다.
- 집에서 문제가 없다고 해서 학교나 집 밖에서도 문제가 없을 거라고 생각하면 착각이다.
- 스마트폰을 손에서 놓지 못한다. 스마트폰이 없는 시간은 불안하다.
- 초등학교 5학년만 되어도 성(性)이 더 이상 궁금하지 않다. 아이의 머릿속에는 부모가 알고 싶지 않은 많은 정보가 들어 있다.
- 무방비로 학교 폭력에 노출되어 있다.
- 자신이 SNS에 올린 게시물에 대한 반응에 집착한다.
- SNS를 통해 친구를 집단 따돌림을 하거나 스토킹하는 일(신상 털기) 등이 특별하지 않다.
- 이성 교제 시기가 빨라져 초등학교 때부터 사귀는 경우가 많다.
- 여자아이들은 초등학교 고학년이면 화장을 시작한다.
- 권위에 대한 순종을 배울 기회가 없다.
- 선생님이나 부모님이 무서운 존재가 아니다.
- 꼭 해야 할 일과 절대 하지 말아야 할 일에 대한 기준이 바뀌었다.
- 폭력적인 게임에 익숙하다. 게임 상에서 경험하는 살인과 폭력은 게임이 아니라 현실적인 경험으로 그대로 무의식에 저장된다.
- 돈이 없어서 사고 싶은 것과 하고 싶은 일을 하지 못하는 것에 스트레스를 받는다. 이것은 또 다른 문제를 일으키기도 한다.
- 자기가 좋아하는 한두 가지에만 관심이 있다.
- 공부 외에 꿈과 관련된 경험이 없어 꿈을 꿀 줄 모른다.
- 몸을 움직여서 하는 일을 싫어하고 체력이 약하다.

부모 눈에는 사춘기 아이의 행동이나 말투, 태도,
이 모든 것이 문젯거리로 보인다. 그러나 그런 문제들이 대부분
부모 자신에게서 비롯되었다는 것은 잘 모른다. 아이들은 어쩔 수 없이
부모의 행동에 영향을 받고, 그들의 인생관과 가치관을 그대로 배운다.

PART 2

아이를 아프게 하는 부모는 아니었을까?

성적만으로
아이를 평가하는 부모

"87점이나 91점이 다른 부모님께는 통할지 몰라도 저희 부모님께는 안 통해요. 97점 정도는 돼야 된다고 생각하시거든요. 그러니 제가 87점 성적표를 보여드린다는 건 말이 안 되죠. 제 아이큐가 136이거든요."

"그래서 어떻게 했는데?"

"그냥 성적표를 고쳤죠. 학교 프로그램 해킹하기 쉬워요. 해킹해서 점수를 올린 다음에 성적표를 출력해서 갖다 드렸어요."

"너 혼자만?"

"우리 반 아이들 다 했어요. 모두 다 1등 성적표를 가지고 가면 부모님이 의심하니까 딱 부모님이 기분 좋아하실 정도로만 고쳤어요. 예를 들어 평균이 65점인 아이는 72점으로만 고쳐 가도 부모님이 좋아하시는 거죠. 78점인 아이는 83점으로만 고치고요. 이렇게 전부 고쳐서 새로운 성적표를 가져다 드렸어요. 어차피 크게 잘못된 것도 없잖아요. 진짜 성적표는 학교에 그대로 있고, 이건 부모님을 안심시키고 기쁘게 해드리고자 서비스하는 것뿐이니까요."

"이것은 범죄다, 사기다, 이런 생각은 안 드니?"

"그 정도까지는 아니고요. 조금 미안하고 잘했다는 생각은 안 들지만, 그래도 부모님께 들볶이는 것보다는 나아요."

성적에 대한 부모의 기대와 태도가 아이에게 성적 조작을 부추기고 있다. 똑같이 한 개 틀린 성적표를 가지고 갔는데 어떤 엄마는 이렇게 말한다.

"이게 뭐야. 하나만 안 틀렸으면 100점이잖아. 그러니까 공부할 때 조금만 더 집중하라고 했지? 넌 좋은 머리로 왜 100점을 못 맞니? 하나 틀린 것하고 열 개 틀린 것하고 무슨 차이가 있어. 100점이 아니면 다 똑같잖아."

반면, 어떤 엄마는 이렇게 말한다.

"와, 한 개밖에 안 틀렸네. 진짜 너 대단하다. 엄마는 죽었다 깨나도 이렇게 못 할 것 같은데. 한 개는 틀려야 인간적이지. 잘했어. 정말 잘했어!"

"그렇지만 100점 맞은 애도 있어요."

"아니야, 부러워하지 마. 이 점수도 충분해. 100점이 중요한 게 아니라 네가 이런 높은 점수를 받도록 노력한 게 중요한 거야."

당신은 전자와 후자 중 어떤 엄마인가? 혹은 어떤 엄마이고 싶은가?

좋은 성적이 인생의 면죄부가 될 수 없다

사실 대한민국 부모라면 누구나 자녀의 성적에서 자유로울 수 없다. 아들 둘을 키우는 한 엄마에게 '전교 1등을 하는 큰 아들의 학교를 방문할 때는 저절로 어깨에 힘이 들어가고 누구 엄마라고 이야기하는 것이 자랑스러운데, 수업 일수도 제대로 채우지 못하는 작은 아들의 학교를 방문할 때는 누구 엄마냐고 물어볼까 봐 조심스럽다'는 말을 들은 적이 있다. 안타까운 일이다.

그런데 그처럼 성적만 강조하다 보면 아이들은 좋은 성적을 받는 것을 마치 부모를 위해 대단한 일이라도 해주는 것처럼 생각하게 된다. '엄마가 자랑스러워할 만한 점수를 받아 왔으니 이젠 나를 위해 뭔가 해줘야 하는 것 아닌가요?' 하면서 부모의 희생을 당연하게 요구한다. 뿐만 아니라 형제나 주변 사람 가운데 자기보다 성적이 나쁜 아이는 은연중에 무시하는 태도로 대하게 된다.

아이들은 부모가 중요하게 생각하는 것을 중요하게 생각하며 자란다. 부모가 평소 나쁜 성적에 화를 내고 좋은 성적에 필요 이상으로 기뻐하면 아이들은 그런 부모의 모습을 통해 세상에서 가장 중요한 것은 좋은 성적표를 받는 것이라고 배우게 된다. 그래서 그것을 위해 부모를 속이고 성적표를 고치는 일까지도 마다하지 않게 된다. 그러나 이것은 결코 부모가 바라는 바가 아닐 것이다.

"공부 잘하는 애들은 뭘 시켜도 잘해!"

이 말은 내가 교직에 있을 때 선생님들끼리 아이들에 대해 이야기할 때 자주 주고받았던 말이다. 공부를 잘한다는 것은 그만큼 자기에게 주어진 일에 책임감이 있다는 뜻이고, 그렇기 때문에 공부가 아닌 다른 심부름을 시켜도 그만큼 문제없이 잘 해낸다는 의미였다.

그렇다면 요즘은 어떨까? 과거와 달리, 성적은 좋으나 인성이 좋지 않은 아이들을 쉽게 만날 수 있다. 좋은 성적표가 결코 모든 일에 면죄부가 될 수 없음에도 불구하고, 우리는 좋은 성적표를 다른 모든 일에 대한 면죄부로 인정하고 있는 것은 아닐까? 그러는 사이, 아이들은 과정은 어떻게 되어도 좋으니 결과만 좋으면 된다는 사고방식에 젖어들고 있다.

아이를 비난하고
판단하는 부모

"넌 어째 그러냐? 앞집 수정이는 잘하던데……."
　"이것도 성적이라고 받아 왔니?"
　"세상에 너같이 공부 안 하는 놈이 어디 있냐?"
　"네 언니 반만큼이라도 해라."
　"네 동생 좀 닮아."
　"가방만 들고 다니면 다 공부하는 거냐?"
　"공부도 못하는 게 성질은 더러워가지고……."
　"너는 도대체 잘하는 게 뭐냐?"
　"아휴, 저걸 낳고 미역국을 먹은 내가 미쳤지."
　"원수가 따로 없어."
　"공부해서 남 주냐? 내가 너만 했을 때는……."

"공부 말고 하는 일이 뭐가 있다고 성적이 이 따위야?"

"그 성적으로 대학은 어떻게 갈 거야?"

"도대체 남들보다 뭐를 안 해줘서 공부를 못하냐?"

"넌 커서 뭐가 되려고 그러냐?"

"공부나 잘하면 말도 안 해."

세상은 많이 바뀌었는데 부모가 자녀에게 하는 말은 별로 바뀐 것 같지가 않다. 어렸을 때 부모에게 상처받았던 말을 어느 순간, 내 아이에게도 똑같이 하고 있는 자신을 발견하게 된다. 다른 아이들과 비교하면서 상처를 주고, 격려한다고 하면서 요구하고, 사랑한다고 하면서 채찍질한다. 자식도 일단 공부를 잘해야 예뻐해주고 싶고, 인정해주고 싶고, 맛있는 것도 만들어주고 싶다. 그런데 그 공부가 안 되니 부모의 사랑에 진도가 안 나간다. 불행한 일이다.

더 큰 문제는 많은 부모들이 아이에게 함부로 말을 하면서도 죄책감을 느끼지 않는다는 것이다.

"그것도 점수냐?"

"살 좀 빼라."

"게을러빠져 가지고……."

부모라는 이유만으로 아이의 약점을 수시로 찔러댄다. 옆집 아이라면 감히 할 수도 없는 말로 구박하고 편잔을 준다. 옆집 아이에게는 상처가 될까 봐 하지 못하는 말을 어째서 내 아이에게는 그렇게 스스럼없이 할까? 부모라는 이유만으로 아이에게 상처 주는 말을 얼마나 쉽게, 무책임하게 하고 있는지 부모들은 모른다.

특히 자존심이 강한 부모의 경우 남 앞에서 아이를 깎아내리는 말을 쉽게 하는 경향이 있다. 아이를 부정적으로 깎아내리면 엄마나 아빠의 자존심이 세워지고, 아이를 인정하면 자신도 그 정도 수준밖에 안 되는 것 같기 때문이다.

"공부를 잘하는 편은 아니에요."

"별로 예쁘지도 않고……."

아이를 깎아내리는 부모는 겸손해서가 아니다. 반대로 교만해서다. 자식의 못난 점을 지적하면서 자신은 자식보다 괜찮은 사람이라는 것을 간접적으로 표현하고 싶은 심리가 숨어 있다.

사춘기 아이의 마음을 여는 말

나는 아이들에게 강의를 할 때, 부모님 말은 말 자체로 듣지 말고 말 속에 숨겨진 뜻을 들어야 한다고 말한다. 아무리 부모님이 너를 미워하는 것 같이 말을 해도 너를 이 세상 누구보다 사랑하는 사람이라고 이야기한다. 부모를 대변하는 사랑론이 사춘기 아이들에게는 설득력이 없다는 것 또한 잘 알고 있다. 아이들은 부모가 자신을 사랑한다면서 말을 왜 그렇게 함부로 하는지 이해하지 못한다.

아이들은 사랑의 증표로 값비싼 다이아몬드를 요구하는 것이 아니다. 아이들이 부모에게 원하는 것은 따뜻한 말 한마디다.

"천천히 쉬면서 공부해."

"괜찮아. 그 정도도 잘한 거야. 나중에 더 잘하면 돼."

"너에겐 아직 기회가 있고, 넌 결국 잘 해낼 거야."

아이들은 부모의 입에서 이런 말이 나오길 기대하지만, 부모는 이번 시험 결과가 남은 인생을 결정할 것이라고 늘 겁을 준다. 시험을 잘못 보기라도 하면 마치 살아야 할 이유가 없는 것처럼 비장하다. 그런 부모 때문에 아이들이 느끼는 부담감과 긴장감은 상상 그 이상이다.

부모의 말은 결국 아이를 대하는 부모의 마음이다. 부모가 불안하니까 아이를 불안하게 만든다. 부모가 멀리 보지 못하니까 당장 눈앞의 시험 결과에 안달하는 것이다. 하지만 알다시피 아이의 인생은 길고도 길다. 한두 번의 시험이 아이의 인생을 결정하지 않는다는 사실을 부모가 깨달아야 한다.

"너, 시험공부 안 하고 핸드폰만 들여다보고 있을 때 알아봤다."

아이는 부모의 이런 말에 반성하기보다는 더 엇나간다. '다음 시험 때는 핸드폰 꺼놓고 열심히 공부해야지.' 이런 생각은 절대 하지 않는다. 아이를 비난하고 무시하는 말투는 아이에게 자신의 잘못이 부모 탓인 양 부모를 공격하고 원망하게 만드는 빌미가 될 수 있다. 시험 성적이 낮은 것은 자기 탓이 아니라 항상 짜증스럽게 말하는 부모 때문이라고 오히려 화를 내는 것이다.

"시험 보느라 힘들었지? 기대한 것보다 점수가 나빠 속상하니?"

"시험이 특별히 어려웠니? 뭐를 보충해야 할까? 엄마가 도와줄 부분이 있니?"

만족스럽지 못한 시험 결과를 놓고도 아이와 주고받을 수 있는 이야기는 무궁무진하다. 그런데 왜 '그것도 점수냐?'라는 말밖에 하지 못하는가?

비난이나 판단하는 말로는 사춘기 아이의 행동이나 태도를 바꿀 수 없다. 오히려 마음을 꼭 닫게 할 뿐이다. 살아 있는 조개의 입을 억지로 벌리려면 날카로운 칼을 들이밀어야 한다. 그렇지 않으면 절대 벌릴 수 없다. 하지만 조개를 소금물에 담그면 조개는 꽉 다문 입을 저절로 벌리고 불순물을 토해낸다. 아이들도 마찬가지다. 어떤 실수와 잘못을 저질러도 먼저 마음을 편하게 해주고 믿어주는 말을 하면 아이의 마음이 저절로 열린다. 마음이 열리면 행동도 뒤따르게 된다. 말로 상처 주고 구구절절 잘못을 지적하면서 마음을 열려고 하면, 아이 마음은 부모의 말에 달린 칼에 찔려 피를 흘리게 될 뿐이다.

지나치게 엄격하고
모든 것을 통제하는 부모

이름만 들어도 알 만한 대기업에 다니는 아빠는 초등학교 4학년 아들과 중학교 1학년 딸을 엄격하게 가르쳤다. 회사에서 일하는 것처럼 아이들에게도 일 단위, 주 단위, 월 단위 계획표와 학습 목표치를 숫자로 적고 도표를 그려 벽에 붙이게 했다. 아이들이 집에 오면 TV, 컴퓨터, 스마트폰을 모두 끄고 책상에 앉아 공부를 하도록 시켰고, 휴식 시간에는 아빠가 선택한 명상 음악을 들으며 바닥에 앉아 명상하는 자세를 취하게 했다. 이뿐만이 아니다. 초등학생 때부터 아이들에게 동기 부여에 관한 책을 읽힌 후 독후감을 쓰게 했고, 엄격하게 자기 생활을 관리하도록 요구했다.

그나마 다행은 아빠가 주말에만 집에 온다는 것이었다. 하지만 아빠가 오는 주말에는 집 안 구석구석을 청소해야 했고, 아빠가 만족할 때까지 정리를 해야 했다. 온 가족이 아빠의 엄격한 통제에 지쳐갔다.

중학교 2학년이 되면서 큰아이는 전화로 "오늘, 아빠 오셔?" 하며 확인한 후 일부러 늦게 집에 들어갔다. 아빠가 오는 날이면 어떤 핑계를 대서라도 밖에서 시간을 보내려고 했다. 결국 아이는 가출을 하기 시작했고, 다섯 번째로 가출을 하자 아빠는 더 이상 아이를 찾지 않았다. 세상이 얼마나 춥고 무서운 곳인지 겪어봐야 집이 좋은 걸 알고 들어온다고 생각한 것이다.

"하루만 더 기다렸다가 들어오지 않으면 수단과 방법을 다 동원해서라도 찾아야 합니다. 아버님 생각처럼 아이가 집이 소중하다는 것을 알았을 때는 데려오고 싶어도 데려올 수 없는 상황까지 가버릴 수 있어요. 집이 좋다는 것은 다른 방법으로도 가르칠 기회가 많이 있습니다."

내가 이렇게 말하며 설득했지만 그 아빠의 머릿속에는 가출한 아이를 찾아 나서야 할 이유가 없었다.

다행히 아이는 다음 날 스스로 집에 들어왔다. 그동안 아이는 먼저 가출한 선배들을 통해 아르바이트 자리와 가출하면 함께 지낼 가출팸('가출'과 가족을 뜻하는 'Family'의 합성어. 가출한 청소년들 몇 명이 모여서 원룸이나 모텔 등을 빌려 가족처럼 함께 생활하는 집단을 말함)도 정해놓은 상태였다.

"집에만 들어가면 숨이 콱 막혀서 가만히 있을 수가 없어요. 옥상이나 계단에서 자도 밖이 더 편해요."

아이가 사춘기에 접어들기 전까지는 부모의 엄격한 통제가 어느 정도 힘을 발휘한다. 하지만 사춘기가 시작되면 부모의 기준에 근거한 엄격함은 유효기간이 지난 패스워드가 되어버린다. 더 이상 아이를 움직일 수 없다. 오히려 부모가 아이를 꼼짝 못하게 누르면 누를수록 강하게 튕겨나간다. 그리고 한 번 튕겨나가면 더 멀리 더 빠르게 달아난다.

엄격함과 유연함이 균형을 이뤄야 한다

부모가 지나치게 엄격하면 아이들이 거짓말을 더 많이 더 정교하게 하게 된다. 한번은 초등학교 5학년 남자아이가 동네 놀이터에서 형들에게 칼로 위협을 당했다고 해서 소란한 적이 있었다. 밤 10시가 되어 집에 온 아이에게 부모가 왜 이렇게 늦었냐고 묻자, 학원 끝나고 동네 놀이터에서 놀고 있는데 모르는 형들이 와서 칼로 위협을 했고 우여곡절 끝에 도망을 쳤다는 것이다. 너무도 심각한 사건인지라 부모는 바로 학교에 알렸고, 담임교사는 아이를 붙잡고 사건의 전말을 조사했다.

그런데 상담이 거듭될수록 미세한 틈이 보였다. 처음에는 교직 경력 15년의 담임교사도 아이가 거짓말을 한다고 생각하지 못했다. 아이의 머릿속에서 나온 시나리오라고 하기에는 이야기가 몹시 구체적이었기 때문이다. 하지만 결국 모든 것은 아이의 거짓말로 밝혀졌다. 놀다 보니 어느새 시간이 너무 늦어버렸고, 부모님께 혼날 것이 무서워 이야기를 꾸며낸 것이었다.

내성적이고 온순한 성격을 가진 아이일수록 부모가 엄격하면 더 주눅이 들고 자신감이 없어진다. 아이는 부모를 자신이 가장 믿고 기댈 수 있는 존재라고 여기는데, 그런 부모가 자신을 위협하고 때린다면 세상에 믿을 수 있는 사람이 아무도 없다고 생각하게 된다. 이런 경험은 아이가 성인이 되어서도 자신보다 권위 있는 존재를 믿지 못하고 거부하는 결과를 초래할 수 있다.

지나치게 엄격한 부모들이 쉽게 빠질 수 있는 함정은 부모의 감정과 자존심, 교육관에 빠져 아이의 생각과 감정을 무시하기 쉽다는 점이다. 아이에게 엄격하게 요구하는 것들이 혹여 부모의 자존심을 세우기 위한 것은 아닌지 늘 되돌아봐야 한다.

규칙을 정하고 지키라고 하는 것은 아이에게 꼭 필요한 것을 가르치기 위해서다. 부모가 안심하거나 편하기 위해서가 아니다. 엄격한 규칙이 더 교육적이라는 공식은 없다. 엄격함과 유연함이 균형을 이뤄야 하고, 엄격함 속에서도 아이의 감정 흐름을 살필 줄 아는 섬세함이 있어야 한다. 아이에게 엄격한 잣대를 들이대기 전에 '누구를 위해서 이 규칙이 필요한가?', '이 규칙을 통해 아이에게 무엇을 가르치려고 하는 것인가?' 하는 것을 늘 생각해야 한다. 관대함이 없는 엄격함은 아무런 혜택이 없다. 엄격함의 폐해는 규칙 없는 관대함과 다를 바가 없다.

혼내지 않고
가르치지 않는 부모

아이가 십대가 되기 전에 생활 규칙과 질서를 잘 훈련시키면, 이후 부모와 십대 자녀는 모두 사는 게 편해진다. 그런데 아이를 가르치고 훈련시키지 않았으면서 부모는 바라는 대로 행동하지 않는다고 아이에게 화를 낸다.

어떤 아빠가 유치원생 아들을 데리고 식당에 밥을 먹으러 갔다. 식사를 다 하고 계산을 하려는데, 아이가 계산대 위에 있는 사탕 바구니에서 사탕을 한 주먹 집어 들었다. 아빠와 식당 주인이 별다르게 반응하지 않자 아이는 또 다시 사탕을 한 주먹 집어 들었다. 그 순간, 식당 주인의 표정이 일그러졌다. 아빠가 계산을 하고 밖으로 나가자 아이는 마지막이라는 듯 다시 한 번 사탕을 한 주먹 집어 들었다. 그러자 식당 주인이 아이 손을 '탁' 하고 쳤다. 밖에서 그 장면을 본 아이 아빠는 식당 주인에게 어떤 말을 했을까?

"미안합니다. 아이가 버릇이 없어서……."

이렇게 말하는 아빠였다면 아이가 그런 행동을 했을 리 없다. 아이 아빠는 신경질적으로 만 원짜리 지폐 한 장을 꺼내 계산대 위에 올려놓으며 주인에게 큰소리쳤다.

"애가 사탕을 먹으면 얼마나 먹는다고……. 이거면 됐죠?"

아이 아빠는 '그깟 사탕이 얼마나 한다고 내 자식 기를 죽이느냐'고 생각했을 것이다. 부모인 자신의 허락 없이는 누구도 아이에게 이래라저래라 할 수 없다고도 생각했을 것이다. 틀린 생각은 아니다. 그 누구도 부모가 원치 않으면 그 부모 앞에서 아이에게 옳고 그름을 가르칠 수 없다. 하지만 그러한 부모 밑에서 자란 아이는 은연중에 '나는 무조건 다 가질 수 있는 특별한 아이'라고 생각하게 된다. 그리고 부모는 어떤 일을 저질러도 늘 자신의 편에서 막아주는 든든한 후원군으로 인식된다. 과연 아이 아빠가 만 원짜리 지폐 한 장으로 아이에게 가르친 것은 무엇이었을까?

부모는 가이드라인을 주는 사람

뭐든지 뜻대로 하게 내버려두는 부모 밑에서 자란 아이는 다른 사람의 의견이나 조언을 받아들일 수 없는 사람으로 성장한다. 한 번도 자신의 요구를 거절당한 경험이 없고 양보해본 경험이 없으면, 다른 사람의 입장이나 생각이 자신의 것만큼 중요하고 가치 있다는 것을 알 수 없기 때문이다. 양보하거나 타협하여 합의점을 찾아야 한다는 사고방식 자체가 없는 것이다.

요즘에는 무조건적으로 아이의 요구를 수용하고 의견을 존중하는 부모가 교육적인 부모라고 생각하는 경향이 있는데, 전혀 그렇지 않다. 물론 아이에게 무조건적으로 부모의 뜻을 강요하는 것도 교육적인 부모는 아니다. 가장 바람직한 부모는 아이가 올바른 행동을 할 수 있도록 정확한 가이드라인을 알려주는 부모다.

일상의 사소한 생활습관뿐 아니라 친구 관계, 진로 문제 등 스스로 알아서 선택하고 결정하기에 아이는 모르는 것이 너무 많다. 아이가 알고 있는 것은 아주 작은 부분일 뿐이다. 그렇기 때문에 매 순간 부모는 넓은 시각으로 다양한 기회가 있다는 것을 알려줘야 한다. 각각의 선택이 가져올 결과에 대해 정확히 알려주고, 그 안에서 아이가 원하는 것을 선택할 수 있도록 도와줘야 한다. 자신의 선택이 가져올 결과를 제대로 알지 못하는 아이가 무조건 자신의 뜻대로 선택하게 놔두어선 안 된다. 아이는 본능적으로 자신에게 편한 것을 선택하기 때문이다.

아이의 인격을 존중한다는 의미에서 알아서 절제하고 선택하는 자유를 주는 부모는 열린 부모가 아니다. 그런 부모는 교육적이라기보다는 오히려 무책임하다. 아이가 원하는 대로 모든 걸 허용한 대가는 훗날 반드시 치르게 된다. 그리고 그때 치를 비용은 너무 크다.

가르치지 않는 것이야말로 부모의 역할을 저버리는 것이다

지인의 집에 갔을 때의 일이다. 손님인 내가 응접실에 앉아 있는데 엄마와 초등학교 5학년 아들이 얼굴을 붉히며 싸웠다. 결국 아이가 엄마에게 소리를 지르더니 욕을 하면서 방으로 들어가 버렸다. 엄마와 아이의 싸움은 그렇게 끝이 났다.

그 광경을 본 나는 충격을 받았다. 어떻게 엄마와 아들이 서로 얼굴을 붉히며 싸울 수 있을까. 어떻게 자식이 부모에게 큰소리를 칠 수 있을까. 자식이 심한 욕을 하는데도 어떻게 그냥 내버려둘 수가 있을까…….

"아이가 방금 욕한 거 들으셨어요?"

"네."

"그런데 왜 그냥 내버려두세요?"

"그러면 저걸 어떻게 해요."

처음에는 이 엄마도 아이가 욕을 하면서 문을 쾅 닫았을 때는 기가 막히고 말문이 막혔다고 한다. 그런데 그 순간을 놓치고 나니, 아이가 화나서 욕을 하고 방으로 들어가면 자기 혼자 삭이면 그만이라고 생각하게 되었다. 아이의 잘못된 행동에도 큰소리 내지 않고 받아주는 것이 열린 엄마, 이해심 많은 관용적인 엄마라고 착각하면서 말이다.

그러나 조금만 더 들어가 보면 다른 면이 보인다. 혹시 그 엄마는 아이와 대결할 용기가 없었던 것은 아닐까. 차마 입에 담지 못할 욕을 하는 아이를 붙들고 앉아 끝까지 따지고 들면서 절대 그런 욕을 하면 안 된다고 가르칠 힘도 열정도 없는 건 아닐까. 그래서 언젠가 스스로 말과 행동이 잘못된 것을 깨달을 때가 오겠지 하면서 기다리고 있는 건 아닐까. 아이의 잘못을 바로잡을 기회를 놓치고 있다는 건 생각도 못한 채 말이다. 부모는 이렇게 아이를 가르칠 중요한 순간과 기회를 그냥 흘려보내고 있다.

아이는 단지 부모에게 교육을 받지 못한 것뿐이다. 해야 될 일과 해서는 안 될 일에 대해 가르침을 받지 못한 것뿐이다. 욕을 한 번 해봤는데 엄마가 혼내지 않으면 아이들은 두 번, 세 번 하게 된다. 욕의 강도가 점점 세지다가 결국 폭력도 행사할 수 있다.

아이를 정말 사랑한다면 옳고 그름을 가르쳐야 한다. 넘어서는 안 되는 선과 손해를 보더라도 결코 해서는 안 되는 것들을 가르쳐야 한다. 그 시기를 나중으로 미루거나 아이가 철이 들어 알아서 고칠 때까지 마냥 기다려서는 안 된다.

혼내지 않고 가르치지 않는 부모 밑에서 자라는 아이는 자기가 하고 싶은 것과 그때그때 좋아하는 것이 모든 선택의 기준이 된다. 꼭 참아야 할 이유도 없고 꼭 해야 할 것도 없다. 하기 싫어도 꼭 해야 하는 일을 할 때조차도 '왜 해야 하죠?'라고 따지면서 빠져나가려고만 한다. 아이에게 하고 싶은 일만 하면서 평생 살아갈 기회를 줄 수 있는 부모는 없다. 하기 싫어도 해야 할 일은 참고 해내는 인내를 배우지 못한 아이의 미래는 생각만 해도 끔찍하다.

나는 혼내고 가르치지 않는 것이야말로 가장 심각한 아동 학대라고 생각한다. 그건 부모가 편하자고 아이들의 교육받을 권리를 박탈하는 것이다. 부모에게 제때 교육받아야 할 것을 받지 못한 아이가 놓친 기회는, 평생 그 어떤 교육제도로도 보충수업이 불가능하다. 특히 부모가 아이에게 좋은 습관을 가르치지 않는 것은 아이가 좋은 습관을 배울 기회를 놓치는 일일 뿐 아니라, 나쁜 습관이 그 자리를 대체하도록 만드는 일이 된다. 가르쳐야 할 때 가르치지 않는 것은 아이 인생에 부모가 모르고 저지르는 범죄 행위와도 같다.

아이에게 꽃길만 걷게
해주고 싶은 부모

영어가 아직 편하지 않은 호주의 한인 유학생 중에는 에세이 과제를 받으면 처음부터 외국인에게 돈을 주고 맡긴 후 완성된 에세이에 자기 이름만 써서 제출하는 아이들이 있다. 그런 아이들은 비싼 비용을 지불하여 에세이를 대필할 사람을 살 수 있는 자신의 환경도 실력이라고 생각한다. 시간을 들여 조사하고 서툰 영어로 정성껏 에세이를 써도 나쁜 점수를 받을 수 있으니 굳이 그럴 필요를 느끼지 못한다.

부모 역시 좋은 점수가 보장되고 아이가 맘고생, 몸 고생 하지 않아도 되니 말릴 이유가 없다고 생각한다. 처음에는 서툰 영어로 스트레스 받는 아이가 안타까워 한 번쯤 도움을 받으라고 허락했을지 모르나, 이제는 많은 부모들이 이 일을 묵인해준다.

"F학점을 받아도 좋으니 네 힘으로 공부해서 학점을 받도록 해.

공부하는 과정이 실력이지, 돈 주고 사는 점수가 무슨 실력이 될 수 있겠니?"

이렇게 말하는 부모는 드물다. 어떤 희생을 치르더라도 내 자식에겐 꽃길만 걷게 해주고 싶은 것이 부모 마음이다. 그 마음을 탓하고 싶진 않다. 하지만 긴 인생길에서 누구도 꽃길만 걸으며 살 수 없다는 걸 알고 있다면, 이제는 그 선택이 조금 달라져야 하지 않을까.

눈앞에 장애물이 나타났을 때 부모는 해결사처럼 나서서 처리해 줄 게 아니라, 아이 스스로 장애물을 넘을 수 있게 기다려줘야 한다. 해결사 부모 밑에서 자란 아이들은 장애물이 나타나면 그 앞에 주저 앉아 뛰어넘을 생각도, 다른 길을 찾아볼 궁리도 하지 않고 무작정 부모만 기다린다. 그러나 부모는 아이의 장애물 제거반이나 사고 처리반이 아니다. 아이가 장애물 앞에서 좌절하고 쓰러져 있을 때 그것을 극복하고 계속 전진할 수 있도록 격려하고 도와주는 사람이어야 한다. 문제를 대신 해결해주는 것이 부모에게 잠깐의 기쁨을 줄 수도 있지만, 나중에는 감당할 수 없는 짐이 되는 순간이 온다.

아이를 문제 속에 남겨 고민하게 하라

얼마 전 중학교 3학년 때 자퇴했다가 일 년 후 다시 복학한 남학생을 상담한 적이 있다. 두 건의 절도와 폭행으로 소년원 수감 문턱까지 갔다가 가까스로 풀려난 아이였다. 또 다시 범죄를 저지르면 이젠 더 이상 용서받을 수 없다는 사실을 본인도 알고 있었다. 그 아이의 문제는 자신의 행위가 나쁜 짓이라고 생각하지 않는 사고방식이었다. 오히려 자신은 나쁜 의도가 없었는데 범죄를 저질렀다고 하니 그게 억울하다는 식이었다.

"길에 서 있는 오토바이에 필이 꽂혀서 한 번 타보고 제자리에 갖다 놓으려고 했는데, 그게 절도라니요."

아이는 순진한 표정까지 지었다. 부모님이 겪으셨을 고통을 한 번이라도 생각해본 적 있느냐고 물었더니 '당연히 없다'고 했다. 자퇴서도 부모님이 작성해 학교에 제출했기 때문에 본인은 자퇴한 날의 날짜는커녕, 몇 월인지조차도 기억하지 못했다.

아마도 부모는 아무 불평 없이 아이가 저지른 일의 뒤처리를 해줬을 것이다. 아이 대신 학교에 가서 자퇴서를 내고, 아이 대신 피해자를 찾아가 합의를 하고, 겨우 합의금을 주고 일을 해결했을 것이다. 그러고는 혹 안심했을지 모른다. 이렇게라도 해결했으니 그나마 다행이라고.

모든 부모는 아이의 미래를 위해 최고의 뒷받침을 해주고 싶어 한다. 앞서 얘기한 아이의 부모 역시 본인이 할 수 있는 최선의 기회를 아이에게 제공하고 싶었을 것이다. 하지만 아이가 저지른 일로 다른 사람이 얼마나 큰 정신적, 육체적 피해를 입었는지는 간과한 채, 마치 그런 일 자체가 없었던 것처럼 뒤처리해주는 부모의 열성은 아이를 올바르게 키우는 데 도움이 되지 않는다. 오히려 발 빠른 사고

수습이 아이에게 또 다른 비행의 기회를 제공하는 것은 아닌지 생각해볼 필요가 있다.

내 자식이 나쁘게 되어도 상관없다는 부모가 이 세상에 어디 있겠는가. 하지만 많은 부모들이 자식이 나쁜 길로 접어들었을 때 어떻게 도와줘야 할지 몰라 마음 졸이면서 본의 아니게 방치하는 경우가 많다. 그런데 가슴 태우며 절망을 느끼는 것만이 자식을 위해 할 수 있는 일의 전부가 아니다. 아무 일 없었다는 듯 아이가 사회에 복귀할 수 있도록 완벽하게 뒷수습을 해주는 것만이 자식을 위해 할 수 있는 일의 전부가 아니다. 오히려 냉정한 시선을 가지고 객관적인 입장에서 자식을 파악하고, 현실적으로 도움 받을 수 있는 전문가를 찾아가 문제를 해결하는 것이 바람직하다. 덮어주고, 감싸주고, 눈감아주고, 언젠가는 나아지겠지 하는 막연한 바람만으로는 잘못된 아이가 치료되지 않는다.

아이를 위해서라면 무엇이든 해결해주고 싶은 부모는 그 해결책을 통해 아이가 얻게 될 것과 잃게 될 것이 무엇인지 항상 철저하게 계산해봐야 한다. 부모의 해결이 항상 능사는 아니다. 언젠가 아이는 부모의 손길이 미치지 않는 곳에서 문제를 만날 것이고, 또 그것을 해결하면서 살아가야 한다. 그때 해결사 부모는 곁에 없다. 그렇기 때문에 아이가 문제없이 잘 살게 하려면 아이를 문제 속에 남겨 고민하게 해야 한다. 그 속에서 스스로 해결책을 찾게 해야 한다.

부모는 아이가 문제 속에서 자신을 잃지 않고 길을 찾을 수 있도록 방향 제시만 해야 한다. 그러는 동안 아이는 실수를 하면서 인생의 교훈을 배운다. 몸으로 직접 깨달은 것은 실수라도 삶에 자양분이 된다.

우리 아이는 문제가 없다고
생각하는 부모

아홉 명의 여학생이 한 여학생을 때렸다. 남학생들에게 그중 한 여학생의 흉을 보고 다닌다는 이유에서였다. 맞은 아이는 전치 6주의 상해를 입었는데도 때린 학생들의 부모는 그저 자기 아이를 변호하기에 바빴다.

"우리 애가 주동은 아니잖아요. 때릴 때 옆에 서 있기만 하고, 진짜 때린 애는 다른 애라던데……."

"맞을 만한 짓을 했으니까 맞았겠죠. 아홉 명이나 되는 애들이 이유 없이 때렸겠어요?"

"우리 애도 맞았어요. 머리채도 잡히고 옷도 찢어지고……. 어디 고소해보세요. 우리도 당하고만 있지는 않을 테니까."

부모는 자기 아이가 주동이 아니라서 안심이 되었던 걸까? 피해 학생의 상황이나 아이들이 어떻게 그런 일을 저질렀는지에 대해서는 묻지도 않았다. 많은 사람들이 똑같은 범죄를 함께 저지르면 나 아닌 다른 사람에게 책임이 있거나 사람 수만큼 죄의식도 나뉜다고 생각하는 것 같다.

아홉 명의 가해 학생 부모들 중 단 한 아이의 부모만이 피해 학생과 부모를 찾아가 용서를 구하자고 다른 부모들을 설득했다. 하지만 다른 부모들은 막무가내로 버텼다.

"전 몰라요. 무릎 꿇고 용서 빌고 싶으면 혼자 가세요."

"추운데 뭐하러 애들을 밖에서 무릎을 꿇려요. 우리 아이는 못 보내요."

결국 말을 꺼낸 그 부모와 가해 학생만 3일 내내 새벽 3시까지 피해 학생의 집 앞에서 무릎을 꿇고 용서를 빌었다. 그렇게 해서 겨우 피해 학생 부모와 합의를 보았고, 자신 때문에 무릎을 꿇고 용서를 비는 아버지의 모습을 본 아이는 진심으로 잘못을 반성했다.

"이렇게 내 맘대로, 하고 싶은 대로 하고 살면 안 되겠구나 생각했어요."

아이는 부모님께 너무나 부끄럽고 죄송하다고 고백했다.

추운데 왜 아이들을 무릎 꿇게 하느냐고 버틴 부모가 아이에게 가르친 것은 무엇이었을까? 아이는 그런 부모를 보며 무슨 생각을 했을까?

아이는 자신이 '폭행'이라는 심각한 범죄를 저질렀다는 사실조차

인지하지 못했을 것이다. 그러면서 동시에 자신이 무슨 짓을 저질러도 부모가 알아서 해결해준다는 사실을 알았을 것이다. 과보호와 왜곡된 모성이 아이에게 비웃음을 사고 있다는 사실을 그 부모만 모르고 있다.

문제를 외면하면 더 큰 책임과 문제가 뒤따른다

부모들은 아이가 학교에 잘 가고, 공부만 잘하면 아무 문제가 없다고 생각하는 경향이 있다. 더 심각한 것은 아이에게 문제가 있다는 것을 알아도 공부를 잘하니까 괜찮다고 생각하는 것이다. 이런 부모일수록 문제가 발생하면 그 원인과 답을 '내 아이' 밖에서 찾으려고 한다. 아이의 잘못을 찾아 고치려고 하기보다는 상대의 잘못을 찾아내 책임을 떠넘긴다. 이래서는 아이를 도울 수 없다.

  호주 연수 프로그램에 참여한 학생들과 3주간 24시간을 함께 지내보면 부모가 10년 이상을 키우면서도 깨닫지 못한 아이의 문제를 보게 된다. 부모들은 '내 자식은 내가 가장 잘 안다'고 생각하지만 그렇지 않은 경우가 더 많다. 아이들과 연수를 다녀온 후, 습관적인 거짓말이나 도벽 등 부모가 관심을 가져야 할 아이의 상황에 대해 알려드리면 "선생님! 저는 여태껏 몰랐어요. 제가 놓치고 있었던 아이의 문제를 구체적으로 지적해주셔서 감사합니다. 제가 앞으로 신경 쓸게요."라고 말하는 부모는 거의 없다. 물론 '세상에서 제일 잘난 내 자식'이 거짓말을 했다는데 부모로서 선뜻 받아들이기가 쉽지 않을 것이다. 부모인 자신이 거짓말을 하다 들킨 것처럼 창피하고 자존심이 상하기 때문이다. 그래서 대부분의 부모는 남이 내 아이의 나쁜 행동이나 습관을 지적하는 것에 거부감을 갖는다.

그러나 아이 문제를 객관적으로 받아들이지 못하면 문제를 해결할 수 없다. 심지어 학교에서 문제가 생겨 담임교사가 학부모에게 상담 요청을 해도 오지 않는 경우가 많다고 한다. 어떤 부모는 "우리 아이는 그냥 내버려두세요"라고 하거나, "집에서 알아서 할 테니 문제 삼지 마세요"라는 식으로 반응하기도 한다. 아이에게 문제가 있다고 말하면 부모 자신을 비난한다고 느끼기 때문에 무조건 듣기 싫은 것이다.

그런데 다른 사람이 아이에 대해 부정적인 이야기를 한다면 아이의 상태가 전해진 말보다 훨씬 더 심각하다고 받아들여야 한다. 선생님을 포함해 제3자는 부모의 기분을 고려해 문제를 순화해서 표현하기 때문이다. '아이가 좀 떠들어요'는 '수업 분위기를 엉망으로 만들어요'라는 말일 수 있고, '아이가 친구를 사귀는 데 조금 어려움이 있어요'는 '아이가 왕따예요'라는 의미를 내포할 수 있다. '친구 관계에 문제가 있어요'는 '무작정 다른 아이들을 때리고 괴롭혀요'일 수 있고, '수업시간에 너무 적극적이에요'는 '자기 말만 하고 다른 사람에게 기회를 주지 않아요'라는 뜻일 수도 있다는 것을 알아야 한다.

부모가 자녀의 문제를 인정하지 않는 것은 일시적으로는 그 문제로 발생한 책임을 피할 수 있는 길처럼 보이지만, 결국에는 더 큰 책임과 문제로 부모에게 돌아온다. 아이들은 자기의 잘못을 인정할 필요도 없을뿐더러 그 누구의 꾸중도 듣지 않으려 할 것이다. 우리 부모가 괜찮다는데 학교나 선생님, 사회나 제3자가 왜 자신에게 이래라저래라 하는 거냐고 무시하고 비웃게 될 것이다.

말이 거칠고
폭력적인 부모

토요일 오후 수영장에서 수영을 한 후 샤워를 하는데 한 엄마가 열 살 남짓 되어 보이는 딸을 데리고 샤워장으로 들어왔다. 그런데 엄마와 딸의 대화가 좀 이상했다. 먼저 엄마는 아이에게 말을 할 때마다 '야, 조용히 안 해? 말 안 들을 거야?', '비누 가져와', '빨리 옷 입어' 하면서 감정이 섞인 명령조로 말을 했다. 옆에서 듣는 사람까지도 괜히 기분이 나빠지는 말투였다. 이런 말을 들은 딸 역시 마찬가지였다. '됐어', '엄마나 해' 하면서 엄마를 무시하는 말투로 대답했다. 엄마 말을 듣고 있는 아이의 얼굴에는 즐거움보다는 불만이 가득했다.

아이를 보면 그 아이의 부모를 어느 정도 짐작할 수 있고, 부모를 만나면 아이의 성격을 어느 정도 짐작할 수 있다. 아이는 부모의 말투는 물론, 생각하는 방식까지 은연중에 그대로 닮기 때문이다. 부모가 소극적이면 아이도 자신감이 없고, 부모가 부정적이면 아이도 부정적이다. 반대로 부모가 긍정적이면 아이도 긍정적이다. 아이는 사람을 대하는 태도에서 인간관계를 맺는 방법까지 모두 부모를 통해서 배운다. 앞의 경우처럼 어려서부터 부모가 아이의 감정을 무시하고 몰아붙이기만 하면, 아이는 밖에 나가서 자기보다 조금이라도 약한 위치에 있는 사람을 대할 때 자신이 당한 것과 똑같이 몰아붙이며 상대를 이기려고만 한다.

아이들이 가지고 있는 어떤 나쁜 습관보다 더 고치기 힘든 것이 바로 굳어져버린 성격이다. 아이에게 매를 들고 큰소리치는 것은 폭력을 가르치는 것과 같다. 어려서는 자신에게 쏟아지는 수모와 폭력을 묵묵히 당하지만 사춘기가 되면 어느 순간 매를 휘두르는 부모에게 반항하거나 부모에게 벗어나서 다른 아이들을 때리고 욕하며 상처받은 자존심을 보상받으려고 한다.

폭력은 창의적으로 나오지 않는다. 대부분 반복 학습된 결과물이다. 누군가에게 당해봤기 때문에 아는 것이다. 학교 폭력 문제가 가장 심각한 중학교 2학년의 경우, 가해자가 똑같은 일을 당한 경험이 있는 경우가 90%에 이른다. 즉, 피해자였던 사람이 가해자가 되는 폭력의 악순환이 발생한다. 이런 이유로 동급생이나 후배에게 폭력을 행사하는 아이를 상담할 때는 '왜 그런 짓을 하니?'라고 물어보는 것보다 '너는 어디서 누구한테 당하고 있니?'라고 물어보는 것이 그 아이를 더 빨리 이해할 수 있는 방법이 된다. 실제로 자기보다 나이 많고 힘이 센 형들에게 똑같이 당하고 있는 경우가 적지 않다. 학교에서 당하지 않았다면 집에서라도 폭력을 보고 당했기 때문에 안다.

폭력이 아이에게 미치는 영향

부모 중 한 명, 특히 아버지가 화를 낼 때 정상 범주를 벗어날 정도로 폭주하는 경향이 있다면, 그 아이들은 집 밖에 나와 폭력성을 드러내기 쉽다. 물론 부모가 폭력적이라고 해서 아이가 모든 곳에서 폭력성을 보이는 것은 아니다. 처음에는 자기의 폭력성이 거부당하지 않고 무시되지 않을 상황에서만 폭력을 휘두른다. 가장 쉬운 대상이 동생이다. 그런데 동생이 없으면 그 폭력성은 누나 혹은 어머니, 할머니 등 약한 대상을 향해 드러나기 시작한다. 그러다 십대가 되어 아버지와 키가 비슷해지거나 신체적으로 밀리지 않겠다 싶으면 어느 날 폭력을 휘두르는 아버지의 손을 잡으면서 역전이 시작된다.

폭력적인 부모 밑에서 자란 아이들이 긍정적인 자아상을 가질 수 없는 것은 당연하다. 폭력적인 부모는 대부분 음주 습관이 있고 물리적인 폭력 못지않게 언어폭력도 함께 행사한다.

"아빠가 욕을 많이 해요. 그래서 욕하지 말라고 했더니 방으로 막 끌고 들어가서 문 잠그고 못 나가게 했어요. 그리고 저를 때렸어요."

직장에서는 고객에게 늘 웃으며 점잖은 아버지가 왜 집에서는 이렇게 난폭해지는지 모르겠다며 중학교 1학년 여학생이 힘들게 말했다. 그 아버지 입장에서는 밖에서 마음에 없는 소리를 하면서 충분히 머리 숙이고 공손했으니까 집에 와서는 편한 대로 말하고 성질 좀 부리면 어떠냐고 생각했던 걸까.

부모의 언어폭력과 물리적인 폭력에 시달린 아이들은 늘 눈치를 보며 사람을 믿지 못하게 된다. 어른의 손이 올라가는 것만 봐도 몸을 움츠리거나 눈길을 피하고, 손을 숨기거나 팔을 움직이지 않는 부자연스런 태도를 보인다. 폭력을 당하면서 형성된 부정적인 자아상 때문에 어떤 상황에서도 항상 소극적이다. 주어진 일을 적극적으로 해결하고 싶은 욕망도 없다. 반면, 억눌린 분노를 풀 대상으로 자신보다 힘이 약한 아이들을 찾게 된다. 폭력을 당한 경험은 결국 자신이 다시 폭력을 행사하는 주체가 되는 폭력의 악순환으로 이어진다는 데 치명적인 위험이 있다.

부자 아이,
가난한 부모

가난한 부모도 부자 부모처럼 어느 선까지는 아이의 욕구를 해결해 줄 수 있다. 하지만 아이의 욕구는 시간이 갈수록 커지고 부모가 감당해야 하는 경제적 부담도 점차 커진다. 결국 부모는 어느 선에서 더 이상 감당할 수 없다고 손을 들게 되는데, 그러면 아이는 많은 경우 훔쳐서라도 원하는 물건을 갖고 싶은 욕망을 품게 된다.

   가난한 부모가 무리해서 부자처럼 키운 아이는 부자 부모가 자연스럽게 키우는 아이에 비해서 매사에 부정적이고 불평불만이 많다. 돈에 대해서도 부자인 아이들보다 훨씬 민감하다. 부자처럼 키우느라 무리한 부모가 평소에 보인 돈에 대한 인색한 말과 태도가 아이에게 그대로 전달된 데다, 풍족하게 쓰고 싶은데 그게 안 되기 때문이다. 반면, 형편에 맞게 키운 아이들은 성격이 밝고 무난하며 자신을 받아들이는 데에도 긍정적이다. 그것은 꼭 부자 부모인 경우에만 국한되는 것이 아니다. 가난한 부모도 어려운 가정 형편을 말하면서 해줄 수 있는 것과 없는 것을 이해시키면, 아이는 부모 앞에서는 짜증을 내도 곧 현실을 인정하게 된다. 친구들이 다 입는 유명 브랜드의 옷을 사지 못해 서운하긴 하지만, 괜한 원망을 갖거나 부모가 자신을 사랑하지 않기 때문이라는 생각은 하지 않는다.

문제는 아이가 원하는 것은 뭐든 다 해줘야 한다는 강박 관념 때문에 형편보다 무리를 할 때 발생한다. 심지어 이런 부모는 자신의 희생에 걸맞도록 아이가 능력 밖의 결과를 보여주길 기대한다. "힘들게 돈 벌어서 학원에 보내주는데 왜 그것밖에 못하니?" 하며 아이를 다그친다.

부모 사정을 나 몰라라 하는 아이

무리해서 부자 부모 노릇을 하는 것은 대부분 부모 자신의 자존심을 만족시키기 위해서일 때가 많다. 내 자식에게 이 정도는 해주고 있다는 만족감이 중요해 무리인 줄 알면서도 부자 부모 역할을 한다.

아이의 모든 옷을 명품으로 입히는 엄마가 있었다. 사는 곳은 지방 소도시였지만 이름만 들어도 알 만한 명품으로 외출복은 물론 잠옷에 운동복까지 철마다 갈아 입혔다. 그 엄마는 놀이터에서조차 깔끔하고 예쁜 명품 옷을 입고 노는 아이 모습에 뿌듯한 자부심을 느꼈다. 하지만 아이가 중학생이 되면서 부자 부모 노릇은 카드빚으로 끝이 나고 말았다. 가장 예민한 시기에 아이는 경제적으로 무너져 내린 부모의 모습을 지켜봐야 했다.

어떤 부모는 아이에게 어려운 가정 형편을 숨기는 것이 옳다고 생각한다. 그래서 집안이 어려워도 아이에게는 최신 스마트폰과 비싼 운동화를 사준다. 그러나 이것은 '나는 힘들어도 되니 너는 기죽지 말고 살아라' 하고 가르치는 것이기 때문에 아이가 부모의 고통을 모르게 된다. 심하면 아버지는 우리 집에 돈을 벌어다 주는 사람, 그 이상도 이하도 아니라고 생각하게 된다. 부모와 아이 모두에게 교육상 좋지 않다.

나는 아이들에게 옷이나 물건을 사줄 때면 늘 같은 말을 한다. "엄마가 좋은 것 못 사줘서 미안해. 나중에 엄마가 제일 좋은 것으로 사줄게. 오늘은 이것으로 사자." 이렇게 말하면 아이들은 "엄마, 괜찮아요. 이것도 고마워요. 엄마는 지금 우리한테 제일 좋은 것으로 사주고 계신 거예요"라며 오히려 나를 위로한다.

가난 때문에 당하는 고통은 어찌 됐든 아이들보다는 부모의 몫이다. 그렇기 때문에 가난한 형편이 조금 불편하긴 해도 숨기고 부끄러워할 일은 아니라고 가르쳐야 한다. 부모가 가난한 형편을 숨기고 부끄러워하면 아이들은 가난한 부모는 무능한 부모라는 생각을 하게 되고, 자신은 무능한 부모를 둔 '별 볼 일 없는 아이'라는 등식을 만들어낸다. 따라서 부모는 빈부를 떠나 떳떳하고 바르게 살려고 노력하고 있다는 것을 아이들에게 알려줄 필요가 있다.

아이는 도자기와 같다.
부모가 정성껏 주무르고 어루만지고 다듬는 대로 모양이 완성된다.
자신의 아이가 남을 배려할 줄 알고, 긍정적이며 자신감이 넘치는 아이로
성장하길 바란다면 부모가 그렇게 가르치고 이끌어야 한다.

PART 3

아이의 올바른 성장과 변화를 위한 부모 코칭 10

긍정적인
자아상을 갖게 하라

 우리나라 사회에서는 "저는 이런 점이 부족해요", "저는 이런 건 잘 못하는 편이에요"라는 식으로 말해야 겸손하다고 생각하는 경향이 있다. "저는 이것도 잘하고 이런 것을 좋아해요" 또는 "이런 면이 다른 애들보다 뛰어나요"라고 말하면 사람들이 불편해한다. 이러한 사회 분위기 때문에 아이들도 못하는 것과 자신을 낮춰 부정적으로 표현하는 것에 익숙하다.

 부모나 학교도 마찬가지다. 아이의 장점과 능력, 가능성을 높게 평가하고 칭찬하기보다는 부족한 점이나 단점을 고치는 데 시간과 노력을 더 기울인다. "너는 이것을 잘하는구나", "너에게는 이런 가능성이 있어", "넌 이런 면에서 참 특별하니까 늘 관심을 갖고 너만의 특별한 점을 발전시켜봐" 하고 말하는 대신 "너는 다른 것은 괜찮은데, 이것은 못하니까 조금 더 노력해", "이 과목 점수가 나쁘니까 더 많이 공부해라"고 말한다. 잘하는 일에는 관심을 받지 못하고 늘 못하는 일에만 초점이 맞춰지니 아이는 공부가 재미없고 인생이 즐겁지 않다. 이런 상황을 반복적으로 겪으면서 아이는 열등감에 시달리게 된다.

우리는 100을 노력해도 10밖에 개선될 수 없는 단점에 너무 많은 시간과 노력을 들이고 있다. 이제부터라도 10의 노력으로 100의 효과를 얻을 수 있는 장점에 대해 이야기해보는 것은 어떨까? 아이가 잘하는 것에 초점을 맞춰 독려하면 잘하는 것을 더 발전시킬 수 있다. 그러다 보면 아이도 성취감을 느끼고 자신감이 생기기 때문에 긍정적인 자아상을 가질 수 있다.

청소년기에는 자신에 대해 긍정적인 자아상을 갖는 게 아주 중요하다. 긍정적인 자아상을 가진 아이는 남의 말에 쉽게 상처받지 않는다. 어려운 일을 만나도 "저도 한번 해볼래요"라면서 적극적으로 도전한다. 실패를 해도 "다음에는 더 잘해볼게요"라고 말하며 실패한 자신을 그대로 수용할 줄 안다. 불필요한 비교 의식도 없다. 친구나 다른 형제가 나보다 더 나은 성적을 받거나 좋은 일이 생겨도 질투하지 않는다. 친구가 나를 비꼬고 무시한다고 해도 자신을 있는 그대로 수용할 수 있기 때문에 상대에 대해서도 관대할 수 있다.

아이의 자아상을 좌우하는 건 부모가 평소 하는 말

아이들은 자신의 자아상을 만드는 재료를 주변 사람들의 말에서 가져오는 경우가 많다. 부모가 자녀에게 늘 긍정적인 말을 해줘야 하는 이유가 여기에 있다. 부모가 부정적인 말을 하면 아이 역시 자신을 부정적으로 평가하고 그렇게 인식하게 된다. 예를 들어 "너는 왜 그렇게 엄마 말을 안 듣니?" 하면서 별 생각 없이 하는 말에 아이는 '엄마 말을 잘 듣는다고 생각했는데, 나는 엄마 말을 안 듣는 아이구나' 하면서 자신에 대해 부정적인 평가를 내리게 된다.

"전 어른 말을 잘 안 들어요."

"왜 그렇게 생각하니?"

"우리 엄마가 그랬어요. 난 엄마 말을 안 듣는 아이라고."

아이의 머릿속에는 이미 부모에게 들은 부정적인 평가가 입력되어버렸다. 더 큰 문제는 아이가 그 평가 그대로 자신을 정의 내리고 그에 맞는 행동을 하게 된다는 사실이다.

부모들이 가장 중요하게 생각하는 성적 역시 마찬가지다. 부모가 긍정적인 평가를 하느냐 부정적인 평가를 하느냐에 따라 아이도 긍정적으로 혹은 부정적으로 변화한다.

중학교 1학년 첫 시험에서 22등을 했을 때 어떤 학생은 부모에게 격려의 말을 듣는다.

"괜찮아. 초등학교 성적에 비하면 네가 받아들이기 힘들겠지만 그래도 이제 시작이니까 금방 따라잡을 수 있을 거야."

"하지만 1등 한 애도 있잖아요."

"1등 한 애는 1등을 한 이유가 있겠지. 중요한 것은 네가 22등을 했지만 이제부터 조금씩 올라가면 된다는 거야. 처음부터 4, 5등 해야 하고 큰 욕심 내지 말고, 한 달에 2등씩만 올린다고 생각해. 그렇게 차근차근 공부하면 1학년이 끝날 즈음에는 훨씬 나아질 거야."

반면에 똑같은 22등이라도 어떤 부모는 이렇게 말한다.

"내가 뭐라고 했어. 중학교 첫 시험 등수가 중3 마지막 점수라고 말했지? 그러니까 방학 때 놀지 말고 학원에서 배우는 선수학습을 열심히 하면서 시험 준비 철저히 하라고 했잖아. 학년 등수도 아니고, 반 등수가 22등이 말이 돼? 이래 가지고 원하는 학교에 갈 수 있겠어?"

괜찮다는 위로를 받은 아이는 부족해도 있는 그대로의 자신을 받아들이는 데 편안해진다. '그래, 하면 될 거야. 욕심내지 말고 열심히 해야지. 부모님을 실망시키지 말아야지' 하면서 긍정적으로 받아들인다. 그러나 부모에게 더 좋은 점수를 받았어야 한다는 말을 들은 아이는 '이번 점수가 중3 마지막 점수라고? 내가 그렇게 되길 바라는 건가. 방학 내내 학원 다니며 아침부터 저녁까지 했는데, 더 이상 어떻게 하라고. 다른 애들은 더 비싼 개인 과외도 하던데……'라고 생각한다. 부모에게 긍정적인 평가를 받지 못하면 아이는 자기 자신을 학대하고 부모를 원망하게 된다.

부모가 아이에게 긍정적인 자아상을 심어주려면 평소에 아이를 칭찬하고 인정하는 말을 할 때 꼭 무엇을 잘해서가 아니라 존재 자체가 귀하다는 것을 알려줘야 한다. "넌 너 자체로 이미 소중한 존재야. 이 세상에 너와 같은 사람은 한 명도 없어"라면서 자존감을 높여줘야 한다. 특히 아이가 어렸을 때 잘했던 일이나 칭찬받았던 일, 부모가 좋게 기억하는 일들을 아이에게 자주 이야기해주면 아이는 '우리 엄마 아빠가 나를 자랑스러워하고 있구나' 하고 안심하게 된다.

또한 기회가 있을 때마다 아이에게 "십 년 후에 네가 얼마나 멋진 어른이 될지 생각만 해도 가슴이 뛰어", "너처럼 특별한 아이가 내 자식이라는 것이 너무 감사해"라는 말도 자주 해주자. 이런 이야기를 듣고 자란 아이는 자신을 사랑할 줄 아는 자존감 높은 어른으로 성장한다.

아이의 작은 이야기에
귀 기울여라

문제가 생기면 부모들은 대화를 하자고 아이를 앉혀놓고는 화부터 낸다. 그러고는 무엇을 잘못했는지 비난과 지적과 질타를 퍼붓는다. 한바탕하고 어느 정도 화가 풀리면, 그제야 아이에게 "너도 할 말이 있으면 해봐"라고 말한다. 일종의 변명할 기회를 주는 것이다. 하지만 아이는 할 말이 없다. 아니, 아무 말도 하고 싶지 않다.

아이에게 먼저 이야기할 기회를 주었다고 해도 결과는 비슷하다. "거짓말하지 마", "말도 안 돼", "그걸 변명이라고 하니?"라고 부모가 말할 것을 알기 때문이다. 부모는 아이가 무슨 이야기를 해도 들리지 않고, 아이 역시 이런 부모에게는 어떤 말도 하고 싶지 않다. 부모는 아이와 대화를 했다고 생각하지만, 아이는 재수 없게 걸려서 잔소리를 들었다고 생각한다.

아이와 대화를 한다는 것은 아이의 이야기를 들어준다는 뜻이다. 아이가 어떤 문제를 보였다면 먼저 왜 그랬는지 물어봐야 한다. 그때 심정이 어땠는지, 기분이 나빴다면 왜 나빴는지, 다른 사람들은 어떻게 했는지 등 계속 질문을 만들어간다. 아이의 이야기를 들으면서 몰랐던 부분을 알게 되었다면 "엄마가 몰랐구나. 그런 건 생각하지 못했어"라는 식으로 아이를 이해한다는 반응을 보이는 게 좋다.

그렇게 아이가 자신의 문제와 상황을 충분히 설명했다면 그다음은 부모 차례다. 아이가 한 이야기를 바탕으로 부모의 생각을 말해주고, 따끔하게 가르쳐야 할 것이 있으면 아이의 이야기를 모두 들은 후 가장 마지막에 감정을 섞지 않고 간단명료하게 이야기한다.

그런데 대부분의 부모는 아이가 하는 말을 들으면서 참지를 못한다. 특히 그 이야기가 아이의 평범한 일상과 관련된 이야기라면 더욱 들어주지 못한다. 들으나 마나 뻔한 아무 의미 없는 내용이라고 생각하기 때문이다. 그러나 사춘기 아이들이 보여주는 문제가 부모를 기절하게 할 만큼 갑작스럽고 놀랍다고 해서, 그 아이들을 도와주는 방법까지 새롭고 기발한 것은 아니다. 많은 경우 답은 평범한 일상에서 찾을 수 있다. 그리고 내 아이의 일상을 부모인 나만큼 잘 알 수 있는 사람은 없다.

아이의 일상적인 이야기를 들어주려면 시간을 투자해야 한다. 어떤 부모에게 이것은 큰 희생일 수 있다. 부모에 따라서는 시간 빼고 다른 것은 다 해줄 수 있을 만큼 시간 내는 일이 어려울 수 있다. 하지만 상대를 위해 시간을 내지 않는 사랑은 사랑이 아니다. 내가 아이들과 호주에서 산 14년 동안 남편은 하루도 빠지지 않고 아침이면 모닝콜로 우리를 깨웠다. 하루에 열다섯 번 이상 국제전화를 하며 모든 상황에 대해서 이야기를 나눴다. 국제전화 요금이 지금처럼 저렴하지 않을 때라 한 달에 1백만 원이 넘게 나왔다. 그리고 한 달에 한 번은 꼭 호주로 와서 1~2주일을 우리와 함께 보냈다. 물론 경제적인 손실과 사회활동의 제약이 있었지만 감수했다. 강의는 미뤄지거나 취소되고 방송 일정은 어긋났으며, 모임에 정기적으로 참석할 수 없었다. 하지만 이렇게 했던 이유는 딱 한 가지였다. 가족을 사랑하는 만큼 시간을 낸 것이다. 그래서 우리는 헤어져 살았지만 한집에 사는 가족들보다 더 많은 추억과 사랑을 가질 수 있었다.

부모에게는 어떤 말이든 할 수 있어야 한다

아이를 사랑한다면 아이를 위해서 시간을 내고, 그 시간이 헛되지 않으려면 아이가 자기 이야기를 거침없이 할 수 있는 분위기를 만들어 줘야 한다. 어떤 말을 해도 꾸중을 듣거나 비웃음을 당하지 않는다는 믿음이 있어야 아이들은 말하기 시작한다. 잘한 일이든 못한 일이든, 좋은 일이든 나쁜 일이든 상관없이 나에게 생기는 모든 일을 부모에게 가장 먼저 이야기할 수 있다면, 그 아이는 부모를 온전히 신뢰하고 있으며 그 부모와 자녀는 좋은 관계라고 단정할 수 있다. 반면, 부모에게 꼭 말해야 하는 일이 있어도 아이가 망설인다면, 자해를 하고 자살을 생각하는 마지막 순간까지도 자기 상황을 참고 있다면, 그 부모는 아이를 위해 시간과 돈은 투자했을지 몰라도 아이에게 신뢰는 얻지 못한 것이다.

"우리 엄마한테 다 이를 거야."

이 말은 아이들이 어렸을 때 혼자서 당할 수 없는 힘든 상대를 만나면 울면서 늘 하는 말이다. 그 말을 하면서 아이는 마음속으로 위로를 받는다. '지금은 네가 그렇게 까불고 나를 무시하지만, 우리 엄마한테 말하면 너를 혼내주고 내 편을 들어줄 거야' 하는 심리다. 설령 그 말을 하고 돌아섰을 때 다른 아이들이 등 뒤에서 비웃었어도 집에서는 그 비웃음을 잊게 하는 엄마의 지지가 있다.

학교에서 친구들에게 무시당하는 아이라도 그 마음속에 '집에 가서 엄마에게 말하면 엄마가 괜찮다고 말해줄 거야'라는 믿음이 있다면 그 아이는 집 밖에서 아무리 어려운 일을 만나도 자살이나 가출이라는 극단적인 방법을 생각하지 않는다. 늘 내 편이 되어주고 나를 인정해주고 함께 방법을 찾아주는 엄마가 있기 때문에 혼자서도 당당할 수 있다.

혹여 사춘기 아이가 큰 비밀을 감추고 있지는 않을까 미리 걱정하거나 지레짐작하지 말자. 그런 은밀한 관심 대신 아이가 일상에서 하는 작은 이야기에 귀를 기울이고 들어보자. 학교 가는 길에 본 어떤 장면에서 이런 생각이 들었다, 어느 과목 시간에 선생님이 이런 말씀을 하셨다. 친구가 이런 말을 해서 기분이 상했다 혹은 좋았다 등 아이에게 자잘한 이야기를 날마다 들을 수 있다면 그 아이는 걱정할 필요가 없다.

드러난 행동보다
'메시지'를 읽어라

아이가 사춘기가 되면 부모와 가장 먼저 부딪치는 문제가 눈에 띄는 외모 변화다. 옷 입는 것부터 머리 모양, 화장, 귀걸이, 특정한 패션을 선호하는 성향까지 모두 신경전의 대상이다.

나도 과거에는 아이들의 귀걸이에 관대하지 못했다. 귀걸이를 하고 있으면 무조건 빼게 했다. 하지만 어느 순간 왜 귀걸이를 하고 싶을까, 저 귀걸이를 하면서 말하고 싶은 것은 무엇일까를 생각하게 되었다. 그래서 묻게 되었다. 무슨 생각을 하면서 귀를 뚫었는지, 특별한 일이 있었는지, 아니면 뭔가 말하고 싶은 게 있어서 귀걸이를 했는지. 의외로 아이들은 귀걸이 하나에도 할 말이 많았다.

양쪽 귀에 8개씩 구멍을 뚫고 각양각색의 귀걸이를 달고 있는 예쁘장한 여학생을 호주 연수를 통해 만난 적이 있다. 아이는 귀걸이 때문에 이미 학교 선생님들께 많은 꾸중을 듣고 지적을 받았을 것이다. 그래서 나는 꾸짖는 대신 "16개의 구멍을 하루에 다 뚫지는 않았을 텐데, 어떤 날 무슨 기분으로 그것을 뚫었는지 이야기해줄래?"라고 물었다. 아이는 이야기를 시작했고, 나는 그 아이의 숨겨진 생각을 들을 수 있었다. 그리고 이해하게 되었다. 아이는 16개의 귀걸이가 꾸중거리가 되지 않고 자신을 표현하는 이야기의 주제가 되는 것에 만족해했다. 자기가 있는 그대로 받아들여지고 있다고 생각해서인지 그다음부터는 좀 더 엄격한 생활 규칙을 요구해도 별 거부감 없이 받아들였다.

사춘기 아이는 자기가 거부당하고 있다고 생각되면 불필요한 것도 고집을 피우고 어긋나게 행동하지만, 일단 받아들여지고 있다고 생각하면 참을 수 없는 것도 참을 줄 안다. 사춘기 아이의 변화가 쉽고도 어려운 면이 바로 여기에 있다.

아이가 외모를 별나게 꾸미는 것은 무조건 꾸짖을 일이 아니다. 먼저 왜 그러고 싶은지 물어봐야 한다. 엄마 아빠의 기준이 아니라 아이가 원하는 것을 묻는다. 왜 그렇게 짧은 치마를 입고 싶은지, 왜 눈에 띄는 색으로 머리 염색을 하고 싶은지 물어보고 자신의 생각을 설명할 수 있도록 충분한 시간을 주어야 한다. 만약 부모에게 정말로 용납이 안 된다면 타협점을 찾는다. 무조건 아이를 비판하지만 말고, 엄마 아빠는 그런 옷을 입거나 머리 모양을 하는 아이들을 보면 이런 편견을 갖게 된다는 식으로 대화를 풀어나가는 것이 좋다.

아울러 옷을 바르게 입는 것은 단순히 예쁘게 보이기 위해서만이 아니라 사회에서 기대하는 예절이자 서로에 대한 매너이고, 옷을 선택하는 취향이나 맵시는 다른 사람에게 나름의 메시지를 전달하게 된다는 것도 알려준다. 왜 결혼식에서는 신부가 하얀 드레스를 입는지, 왜 사람들이 장례식에 갈 때는 모두 검정색 옷을 입는지 등 쉬운 예를 들어가면서 옷이 갖는 사회적인 코드를 알려주면 아이들은 '그냥 예쁘게 보여서' 혹은 '좋아 보여서' 입으려고 했던 옷을 다시 한 번 생각하게 된다.

자신의 스타일을 고집한다면

"외모 때문에 불필요한 오해를 받아도 괜찮겠니?"

"화장이 너무 진해서 엄마 눈에는 어색해 보이는데 넌 괜찮아?"

"그렇게 짧은 교복 치마를 입으면 학교에서 벌점을 준다던데, 그래도 입고 싶니?"

아이가 벌점을 감수하고서라도 고수할 만큼 어떤 외모에 집착한다면 아이와 합의점을 찾아 허락해주는 것이 좋다. 왜냐하면 아이는 부모의 허락이 없어도 결국 그 옷을 입거나 화장을 할 것이기 때문이다. 부모의 눈을 피하려고 학교에서 입는 교복과 집에서 입고 나가는 교복을 따로 준비할 수도 있다. 교복 한 벌을 더 사기 위해 금지된 일을 할 수도 있다. 어쩌면 아이에게 나쁜 일을 할 기회가 될지도 모른다. 사복을 사줄 때 아이가 원하는 것을 들어주는 것도 하나의 방법이다.

외모에 지나치게 집착하고 신경을 쓰는 아이 못지않게 외모에 무관심한 사춘기 아이도 부모의 걱정거리다. 그런데 나이에 걸맞지 않게 외모에 무관심하다고 해서 쉽게 비난하면 안 된다. 옷을 갈아입지 않거나, 샤워를 제대로 하지 않거나, 외모에 지나치게 무관심한 것은 우울증의 증상일 수 있다. 자신에 대해 아무런 기대도 없고 사는 것도 힘들고, 지금 상황이 너무 절망적이어서 저항할 의지도 없고, 노력해서 개선될 여지도 없다고 생각될 때 아이들은 외모에 무관심해진다.

교복 치마가 길다고 모범생이 아니듯이 교복 치마가 짧다고 해서 무조건 문제아는 아니다. 외모는 겉으로 드러난 현상일 뿐이다. 중요한 것은 아이가 그 차림으로 무엇을 표현하고 싶으냐다.

변화를 이끌어내고 싶다면 아이의 속마음을 읽어야 한다. 자신의 속마음을 읽어주는 부모 밑에서 자란 아이들은 규칙을 지키면서도 자기의 개성을 살릴 수 있다는 것을 안다. 그렇기 때문에 작은 것을 얻기 위해 괜한 반항을 하거나 거짓말을 하지 않는다.

아이의 실패를
축하하라

아이가 일과를 마친 저녁 시간에 늘 이렇게 묻는 아빠가 있다.

"오늘은 어떤 실패를 했니?"

만약 아이가 아무것도 실패하지 않았다고 하면 "오늘은 배운 것이 없구나"라고 말한다. 해보지 않은 일을 시도했다가 실수하고, 그 실수와 실패를 통해 많은 것을 배울 수 있으니 날마다 뭔가를 시도해보고 실수해보라고 가르친다.

우리나라 아이들의 큰 비극은 실수하거나 실패할 수 있는 기회가 잘 주어지지 않는다는 점이다. 부모는 아이가 한 번만 실수를 해도 인생에 큰일이 생길 것처럼 말하거나 시험에서 한 번 떨어지면 인생의 모든 기회를 놓쳐버린 것처럼 걱정한다. 그렇게 부모가 실수 없는 인생, 실패 없는 인생을 강요하면 아이에게도 그런 사고방식이 고

스란히 전해진다.

하지만 실패를 좀 하면 어떤가? 실패를 통해 아이들은 배우고 성장한다. 실수나 실패를 하지 않는 것보다 그 후에 포기하지 않고 다시 일어서는 것이 중요하다. 용기를 갖고 다시 도전해서 성공한다면 결코 실패가 아니다. 원하는 목표에 이르는 과정일 뿐이다. 그렇기 때문에 아이들은 실수나 실패로부터 자유로워야 한다. 아이들은 실패할 권리가 있다. 백 번, 이백 번 실패하고 실수해도 괜찮다. 그리고 그럴 때 다시 일어날 수 있는 용기를 주는 부모가 현명한 부모다.

35년 동안 청소년을 상담하고 매년 200명의 청소년과 3주를 함께 생활하면서, "공부도 못하고 아무도 나를 인정해주지 않지만, 그래도 내가 꼭 하고 싶은 일을 시도해 멋지게 실패해본 경험이 있어서 행복해요"라고 말하는 아이를 만나본 적이 없다. 오로지 성적을 올리고 일류 대학에 진학하는 것만이 청소년기에 도전하고 성취할 수 있는 유일한 행복의 조건은 아닐 것이다. 이 시기에는 무슨 일에든 도전하며, 안심하고 실수하고 실패할 수 있는 기회를 가져야 한다. 큰일이든 작은 일이든 상관없으니 때로는 아이가 실수를 하거나 실패할 것이 뻔해도 한번 맡겨보는 것이다.

해보지 않고는 아이의 가능성을 알 수 없다

남편이 세차를 할 때면 늘 그 옆에서 비누 거품 놀이를 하던 한빛이가 어느 날 혼자 힘으로 세차를 해보겠다고 고집을 부린 적이 있었다. 아이는 겨우 열 살이었지만 자기도 혼자 세차할 수 있다는 것을 보여주고 싶었던 모양이다. 우리는 아이의 경험이 세차가 잘못되었을 때 가져올 최악의 결과보다 가치 있고 중요하다고 생각했다. 그래서 아이에게 기꺼이 세차용품을 넘겨주었다. 아이는 혼자서 땀을 흘리며 세차를 했다.

"아빠, 차를 반짝반짝하게 만들어놓았어요."

차는 아이 말처럼 정말 반짝였다. 곳곳에 어지럽게 긁힌 쇠 수세미 자국과 함께.

"와아~!"

우리가 할 수 있는 유일한 표현이었다. 그 탄성이 아이에게는 칭찬으로 들렸겠지만, 우리에게는 수고한 아이에게 상처를 주지 않으면서 충격을 표현할 수 있는 유일한 말이었다. 몇 년 후, 아이는 차를 사러 온 사람이 "도대체 누가 차를 이렇게 만들어놨어요?" 하는 말에 자신이 열심히 했던 일이 큰 실수였음을 깨닫게 되었지만 그때의 일로 상처는 받지 않았다. 만약 그때 긁힌 차를 보고, "이게 뭐냐. 그러게 넌 안 된다고 했지? 너한테 차를 맡긴 내가 잘못이지"라고 화를 냈다면 어떻게 됐을까? 아이는 부끄러움과 자책감 때문에 다시는 먼저 부모를 돕겠다고 나서지 않았을 것이다. 부모가 시킨 일을 하면서도 뭐가 잘못되어 꾸중을 듣지는 않을까 결과를 걱정하느라 일에 집중하지 못했을 것이다.

아이들은 뭔가 새로운 일을 시작하려고 할 때 두렵다. '잘못되면 사람들이 날 비웃을 거야. 차라리 이대로 있을래. 괜히 나섰다가 망신당하고 싶지 않아' 하고 생각한다. 하지만 부모라면 "네 생각대로 비웃음을 당할 수도 있지만 좋은 결과를 생각하고 도전해봐"라고 말해줄 수 있어야 한다. 아이들은 미리 나쁜 결과를 생각하는 경향이 있기 때문에 자기 능력 밖의 일이라고 생각되거나 한계에 도전하는 일을 두려워한다. 그러나 시작하지 않으면 마음속 불안이나 두려움, 게으름 등의 부정적인 감정은 사라지지 않는다. 할 수 있는 일인지 아닌지 결과도 알 수 없다. 시도도 하지 않고 어떻게 아이의 가능성을 알 수 있겠는가. 실수에 대한 두려움은 어렸을 때의 경험에서 학습된 감정일 수 있다.

"그럴 줄 알았어. 넌 왜 그렇게 뭐 하나 똑바로 하는 게 없니? 공부를 잘하니, 아니면 운동을 잘하니?"

"네가 하는 일이 늘 그렇지. 내가 뭘 더 바라겠냐."

혹시 한 번이라도 실수한 아이를 향해 이런 말을 해본 적이 있다면, 아이는 부모의 반응을 보고 이렇게 생각했을 것이다.

'괜히 시작했다가 혼나느니 안 하는 게 낫겠다.'

실패에 단련된 아이가 꿈도 크다

한번은 여러 가지 일로 많이 피곤했던 날, 내가 아이에게 무심코 "왜 그것도 못해?"라는 말을 했었나 보다.

"지금까지 난 엄마한테 '왜 그것도 못해'라는 말은 한 번도 들어본 적 없는데 오늘은 그렇게 말씀하시네요."

아이의 말에 나는 깜짝 놀랐다.

"엄마는 늘 '하면 할 수 있는데 왜 안 하니?'라고 말씀하셨지, '왜 그것도 못하니?'라고는 말하지 않았어요."

"왜 이것밖에 못하니?"를 "왜 이건 안 하니?"로 바꿔 말해보자. 큰 차이가 없는 것 같지만 듣는 사람에게는 전혀 다르게 들린다. "왜 이것밖에 못하니?"는 자기를 책망하는 것처럼 들리고 '네 능력은 이것밖에 안 된다'라고 판단하는 것 같지만, "왜 안 하니?"는 '할 수 있으니 한번 해보지 그러니?' 너도 하려고 하면 그 정도의 일은 능히 해낼 수 있어'라는 의미로 신뢰감을 전해준다.

부모에게 부정적인 말을 자주 듣는 아이는 긍정적인 자아상을 갖기 어렵다. 그런 아이는 어떤 일도 시작하고 싶어 하지 않으며 꿈조차 꾸지 않는다. 무언가를 시작하려고 하면 불안하기 때문이다. 그럴 때 "넌 왜 그런 일도 못하니?"가 아니라, "불안한 것은 당연해. 하지만 일단 시작하면 불안이 사라질 거야"라고 격려해주자. 아이가 두려워한다면 부모가 도와줘도 된다. 부모는 그럴 때를 위해서 존재한다. 아이와 끝까지 달려줄 수는 없지만 적어도 아이가 출발선에서 너무 오랫동안 머뭇거리지 않도록, 신호탄에 맞춰 출발선을 뛰쳐나갈 수 있도록 독려해줄 수는 있다.

이런 부모 밑에서 자란 아이들은 어려운 도전을 만나도 망설이거나 겁내지 않는다. '하면 될 거야. 일단 해보자. 다른 사람도 했는데 나라고 못하겠어? 안 되면 될 때까지 하면 돼'라고 생각하면서 매사에 늘 긍정적이다. 어떤 상황에 놓이든 긍정적인 결과를 기대하고 좋은 면을 보는 어른으로 자라게 된다.

콕스 같은
부모가 되어라

조정 경기에서는 노를 젓는 선수들과 노를 젓지 않고 키잡이 역할만 하는 콕스가 한 팀을 이룬다. 노를 젓는 선수들은 목표 지점을 등지고 앉기 때문에 보트가 올바른 방향으로 나아가고 있는지 알 수 없는데, 이때 방향을 조정해주는 것이 '콕스'다. 조금이라도 목표에서 벗어나면 "오른쪽!", "왼쪽!" 하면서 그때그때 궤도를 수정한다. 몸무게를 최소한으로 줄여서 선수에게 무게 부담을 덜어주는 것은 콕스의 필수 조건이다.

그런데 조정 경기를 보면서 한 가지 의문이 들었다. 경기에서 콕스는 노를 젓지도 않으면서 죽을힘을 다해 노를 젓고 있는 선수들에게 시종일관 마지막 남은 힘까지 쥐어짜라고 소리를 지른다. 과연 그런 콕스를 힘들게 노를 젓는 선수들은 어떻게 생각할까? 조정을 한다는 딸아이 친구에게 물었다.

"죽어라 노를 젓고 있는데 콕스가 '더 힘내라'고 소리를 지르면 화가 나진 않니?"

"아니요. 경기를 하다 보면 있는 힘을 다 써서 더 이상 짜낼 것이 없다고 생각되는데, 콕스의 격려를 들으면 1그램이라도 더 짜내게 돼요. 그래서 같은 보트를 타도 콕스에 따라 경기 결과가 달라져요. 콕스가 너무 다그치고 부정적인 말을 하면 기운이 빠져서 기록이 더 나빠지기도 하고, 진짜 죽을 것처럼 힘든데 콕스가 잘하고 있다고 하면 더 힘을 내야겠다는 생각도 들어요."

콕스는 선수를 격려하되, 늘 긍정적인 말로 남은 힘을 더 짜내게 해야 한다. 그것이 콕스의 역할이다. "1미터 앞에 우리가 따라잡아야 할 팀이 있다. 오늘을 위해서 우린 날마다 그렇게 훈련한 거야. 너희들은 충분히 금메달을 받을 자격이 있어. 자, 마지막 남은 1그램의 힘까지 다 쏟아붓자!" 이처럼 콕스는 보트가 결승선에 닿을 때까지 끊임없이 말로 선수를 독려한다.

끝까지 격려하고 용기를 주자

부모는 자녀에게 '인생'이라는 보트에서 콕스와 같다. 그래서 아이가 궤도를 너무 멀리 벗어나기 전에 돌아올 수 있도록 궤도를 수정해줘야 하고, 목표 지점을 향해 똑바로 나아갈 수 있도록 도와줘야 한다.

단, 목표 지점으로 안내하는 부모의 말은 늘 긍정적이어야 한다. 노여움이나 불안이 그 말 속에 들어가면 안 된다. 아이들도 나름대로는 열심히 살고 있기 때문이다.

"아무리 해도 난 안 되겠죠? 엄마도 그냥 힘내라고 '넌 할 수 있다'고 하는 거죠?"

"아니야. 넌 할 수 있기 때문에 할 수 있다고 하는 거야. 네가 노력해야 하는 일을 엄마가 대신해줄 수는 없지만 네가 할 수 있다는 것은 알고 있어. 그러니 너무 걱정하지 마."

"노력해도 제대로 하는 건 하나도 없는 것 같고, 그냥 다 안 될 것 같아요. 열심히 하려고 해도 너무 늦은 건 아닌지 겁나요."

"아니야. 다 조금씩 방황하면서 가는 거야. 한 번도 어긋나지 않고 직선으로만 걸어가는 사람은 없어. 넌 잘 가고 있어. 그러니 포기하지 마. 포기는 언제 해도 너무 빠른 거야."

팔심이 센 부모가 대신 노를 저어주고 잠깐이라도 아이를 쉬게 하고 싶은 유혹도 이겨내야 한다. 아이 인생에서 뛰고 달리고 노를 저어야 하는 선수는 부모가 아니라 아이 자신이기 때문이다. 반드시 노 젓는 노력은 아이 몫으로 남겨둬야 한다. 콕스 자리에 앉은 부모가 노를 저으면 힘의 균형이 깨져 보트가 흔들리고 제대로 나아가지 못하게 된다. 도움이 되고자 한다면, 부모는 콕스처럼 무게를 줄여 아이가 감당해야 할 무게를 줄이는 게 현명하다. 아이의 인생에서 부모의 무게가 줄어들수록 아이가 감당해야 하는 인생의 무게도 가벼워진다.

　가능하다면 내 아이 인생에는 장애물도, 속도 제한도 없는 아우토반을 개통해주고 싶은 게 부모 마음이다. 그러나 부모는 아이가 장애물을 뛰어넘을 수 있는 근력을 길러주는 사람이지, 자녀를 등에 업고 장애물을 뛰어넘는 장애물 경기 선수가 아니다. 아이가 달리다가 장애물에 걸려 넘어지면 남은 구간을 포기하지 않고 달릴 수 있도록 끝까지 격려하고 응원하며 용기를 주는 사람이다.

　결과만 바라보지 않고 긍정적인 말로 격려하며 내 아이를 믿고 기다릴 줄 아는 부모가 되어야 한다.

검사의 눈과
변호사의 입으로 대하라

사춘기 아이가 잘못된 태도나 행동을 보일 때 말을 하고 싶어도 어디서부터 어떻게 시작해야 할지 몰라 가슴이 답답하고, 막상 이야기를 시작하면 화가 나고 가슴이 두근거려 하고 싶은 말을 다하지 못한다는 부모들이 적지 않다. 하지만 그렇게 되면 아이의 잘못을 발견했을 때 부모로서 당당하게 꾸짖고 가르칠 기회를 놓치게 된다.

　아이의 잘못을 가르칠 때는 엄격한 검사의 눈과 상대를 설득하는 변호사의 입을 가져야 한다. 검사는 상황을 분석하고 법 조항에 근거해서 죄를 밝혀내는 일을 하는 사람이다. 보통 사람이라면 죄라고 생각하지 않을 작은 일도 죄라고 알려주는 것이 검사의 일이다. 그래서 검사는 제3자가 객관적으로 봐도 죄를 지었다는 것을 인정할 수 있도록 증거를 준비한다. 무죄임을 증명하기 위해 기소하는 검사는 없다. 반면, 변호사는 유죄가 선고되기 전까지는 무죄를 전제로 변론을 한다. 유죄를 증명하는 명백한 증거가 있다면 적어도 정상참작을 부탁한다. 원래 그렇게 나쁜 사람은 아니다, 나쁜 의도를 가지고 행동한 것은 아니다, 이 사람의 특수한 상황을 고려해달라는 식으로 변론을 풀어간다.

앞에서 말했듯, 아이의 잘못된 행동을 다룰 때 부모는 검사의 눈과 변호사의 입을 가져야 한다. 이때 말하는 '검사의 눈'은 말하는 방식이 아니라 아이의 행동과 잘잘못을 판단하는 방법을 의미한다. 예를 들어 아이가 무심코 한 자신의 행동이 잘못인 걸 인식하지 못할 때 혹은 "그게 왜 나빠요?", "그게 뭐 어때서요?"라며 받아들이지 않을 때 부모는 아이에게 검사의 눈으로 잘잘못을 정확하게 짚어주어야 한다. 다른 사람에게 이런 피해를 주고 이런 부정적인 메시지를 주며, 이렇게 나쁘기 때문에 잘못이라는 걸 설명한다. 아이의 훈련되지 않은 말과 행동이 어떻게 의도치 않은 나쁜 결과를 가져오는지 말해주는 것과 같다. 이것은 아이를 비난한다는 뜻이 아니다. 현관에 신발을 똑바로 벗어두지 않으면 "그거 하나 똑바로 놓지 못하냐?"고 비난하는 것이 아니라 신발을 어떻게 벗어놔야 하는지, 왜 그렇게 정리해야 하는지를 얘기해주는 것이다.

다만, 부모들이 흔히 하는 실수 중 하나는 기분에 따라 똑같은 행동을 두고도 어떤 때는 그냥 넘어가고, 어떤 때는 지나치다 싶을 정도로 화를 낸다는 것이다. 같은 행동을 두고 부모가 다른 기준을 적용하면 아이는 자신이 잘못했기 때문에 부모가 화를 내는 것이 아니라, 자신을 사랑하지 않기 때문에 화를 내거나 기분이 나빠서 화풀이를 한다고 생각하게 된다. 그래서 아이 행동에 일관된 기준을 적용하는 것이 검사의 눈을 가진 부모가 갖춰야 할 가장 중요한 요건이다.

잘못을 지적할 때는 그 목적을 생각하자

검사의 눈으로 아이의 잘못된 행동을 밝혀냈다면 이제는 변호사의 입으로 아이를 대해야 한다. 기본적으로 변호사의 말은 논리적이고 설득력이 있다. '이 사람의 행동을 이해하는 눈으로 봐주십시오. 비록 결과는 좋지 않지만 나쁜 동기는 없었습니다. 다시 일어설 수 있는 기회를 주십시오'라는 의도가 담겨 있다. 변호사의 목적은 사람을 살리는 것이다.

부모 역시 변호사의 입으로 아이가 자신의 잘못을 발판 삼아 새롭게 변할 수 있도록 도와줘야 한다. "네가 그럴 수밖에 없었던 것은 이해해. 누구나 실수하니까. 너의 행동이 다른 사람에게 그렇게 큰 상처가 되고, 이렇게 나쁜 결과를 가져오리라고는 생각하지 못했을 거야. 하지만 결과가 이렇게 되었으니, 이번 일로 무엇을 배울 수 있는지 생각해보자"라고 말을 시작한다.

물론 검사의 눈으로 변호사의 말을 하는 것은 쉽지 않다. 그러나 검사의 눈과 변호사의 마음으로 균형을 잡으면서 말을 하면 아이를 설득하는 데 효과적이다. 아이가 잘못된 행동을 했을 때 변호사 역할만 하면 아이는 바른 방향으로 변화할 수 없다. 반면, 부모가 검사의 눈으로만 말을 하면 상황은 정확하게 파악할지 몰라도 아이의 자존심에 큰 상처를 입힐 수 있다.

아이의 잘못을 지적할 때는 항상 그 목적을 생각해야 한다. 구체적으로 잘못을 지적하는 것은 아이를 올바른 길로 이끌기 위해서이지 아이의 자존심을 상하게 하려는 것이 아니다. 검사의 눈으로 잘못만 지적하면 아이는 부모의 사랑을 믿지 않게 된다. 썩은 환부를 도려냈지만 환자는 죽어버린 것과 같다. 이것은 치료가 아니다.

검사의 눈과 변호사의 입을 가진 부모 밑에서 자란 아이들은 자신의 행동이 가져올 결과에 대해 생각하게 된다. 부모가 곁에서 항상 '네가 그렇게 행동하면 생각지도 못한 이런 결과를 낳을 수 있다'는 것을 미리 말해주었기 때문이다. 이런 아이는 훗날 비슷한 상황에 놓이게 되었을 때 자신의 행동이 가져올 결과를 미리 생각하기 때문에 무모하게 행동하지 않게 된다.

아이의 나쁜 습관과
싸우기를 포기하지 마라

사춘기 아이의 나쁜 습관을 바로잡는데 어떻게 속상하지 않고 쉽게 끝날 수가 있겠는가. 속이 상하고 눈물이 날 수밖에 없다.

하지만 때로는 아이와 힘겨루기도 해야 한다. 아이의 나쁜 습관을 바로잡기 위해 '죽기 아니면 살기'로 싸우는 시간도 필요하다. 부모가 한 번 하지 말라고 했다고 해서 스스로 나쁜 행동이나 습관을 멈추는 아이는 없다. 그랬다면 아이 때문에 부모 마음이 타들어가고 집집마다 큰소리가 나는 일은 없을 것이다.

아이의 나쁜 습관과 싸울 때 부모가 먼저 포기해버리면 안 된다. 부모 입장에서는 말을 듣지 않는 아이 때문에 자존심도 상하고, 때로는 말할 수 없이 처참한 심정이 되기도 한다. 그러나 자존심이 상하고 힘들다고 해서 방치하거나 싸우는 일을 포기해서는 안 된다. 나쁜 습관을 좋은 습관으로 바꾸고 잘못된 생각을 제대로 바로잡을 때까지 싸워야 한다. 그게 부모가 필요한 이유다.

아이들은 부모가 하지 말라는 것을 하겠다고 고집부리면서 머릿속으로 계산한다.

'지난번에 내가 이렇게 버텼으니까 이번에 다시 더 강하게 버티거나 엄마가 말할 때 몇 번쯤 더 거부하면 내가 하고 싶은 대로 하게 해줄 거야. 엄마가 항복하면 아빠는 엄마가 설득해주겠지.'

부모들은 '우리 아이가 설마 그런 생각까지 하면서 나에게 반항을 한다고? 그럴 리 없어' 하며 부정하고 싶겠지만 수많은 아이들을 만나 상담해보면 아이들은 분명 그런 계산을 하고 행동한다.

그렇다고 해서 아이와 무조건 싸움을 하는 것은 현명하지 못하다. 부모가 요구하는 기준이 강압적이라고 느끼지 않도록 일이 터지기 전에 미리 예상하고 기준을 마련해놓는 지혜가 필요하다.

아이가 친구 집에서 놀고 오겠다고 하면 부모는 보통 "늦지 말고 일찍 들어와"라고 말하고, 아이는 "네" 하고 대답한다. 그 대답을 듣고 부모는 생각한다. '늦어도 밤 9시가 되기 전에 들어오겠지'라고 말이다. 하지만 아이의 생각은 다르다. '밤 12시 전에만 돌아오면 되겠지' 하고 생각한다. 자, 그렇다면 그날 밤에 무슨 일이 벌어지게 될까? 11시쯤 돌아왔다면 부모는 아이에게 화를 낼 것이고, 아이는 일찍 들어왔는데 왜 화를 내느냐고 되레 성질을 부릴 것이다. 이럴 때 만약 '특별한 예외가 없는 한 밤 9시 전에 귀가해야 한다'는 규칙이 있었다면 어뗐을까? 아이와 부모는 다툴 필요가 없을 것이다. 이런 기준들이 처음부터 정해져 있어야 한다.

물론 정해진 규칙이 있어도 늘 틈새를 만들어 빠져나가고 싶은 것이 사춘기 아이들이다.

"평소에는 9시지만 오늘은 특별한 날이고, 엄마한테 허락까지 받아서 9시는 넘어도 되는 줄 알았어요. 더 놀고 싶은 것도 참고 억지로 빠져나왔는데 엄마는 화만 내고……."

이런 항변을 듣지 않기 위해서라도 아이가 외출하기 전에는 늘 언제까지 귀가해야 하는지 구체적으로 확인하는 일이 필요하다.

가이드라인이 명확할수록 아이는 자유롭다

부모는 아이보다 아이 성격의 약점과 강점을 더 정확히 알고 있다. 장단점을 잘 파악해서 양보해선 안 되는 일에는 절대 양보하지 않는 소신이 있어야 한다.

"그런 일은 우리 엄마에게 안 통해. 우리 집은 밤 10시까지는 무조건 들어가야 돼. 그래서 학원도 그 시간이 넘으면 못 다녀."

언뜻 보면 답답하고 비교육적인 부모 같지만 아이는 부모의 소신 있는 교육을 통해서 자신에게 허락되는 선은 어디까지인지를 깨달아간다.

모든 부모가 자식 잘되기를 바라지만 자식이 망하는 길로 가도 이런저런 이유로 자식을 붙들지 않고, 때가 되면 알아서 돌아오겠지 하는 안일한 자세로 방관하는 경우가 의외로 많다. 아이들은 자신의 나쁜 행동이 생명을 위협할 정도로 심각해도 잘 인지하지 못한다. 그리고 나쁜 행동도 한두 번 반복하다 보면 익숙해지기 때문에 그것이 나쁜 일인지도 모르게 된다. 그렇기 때문에 점점 더 큰일로 확대될 수 있다. 이것이 아이의 잘못된 습관을 바로잡고 새로운 습관을 만들어주는 데 지치거나 멈추지 말아야 하는 이유다. 부모가 가르치지 않으면 누가 가르치겠는가.

'네가 아무리 그럴듯하게 이유를 붙여도 안 되는 것은 절대 안 된다'는 부모의 확신이 있다면 아이도 몇 번 시도하다가 포기하게 된다. 어떻게 해도 허락해주지 않는다는 것을 알게 된다. 중요한 건 부모의 전투 의지다. '아이'와 싸우라는 것이 아니라 '아이의 나쁜 습관이나 잘못된 행동'과 싸우라는 말이다.

어려서부터 부모가 일정한 가이드라인을 정해놓고 아이를 키우면 아이가 답답해하고 부모랑 자주 부딪칠 것 같지만, 실제로는 가이드라인 없이 자라는 아이들보다 더 당당하고 활발하다. 움직임이나 생각도 훨씬 자유롭다. 허용되고 허용되지 않는 선이 어디까지인지 스스로 알고 있기 때문이다.

TIP 사춘기가 지나기 전에 바로잡아야 할 나쁜 습관들

- 욕이나 나쁜 말투와 거친 행동
- 지나친 인터넷 사용이나 인터넷 쇼핑
- 장시간의 컴퓨터 게임
- 무분별한 스마트폰 사용
- 절제되지 않는 텔레비전 시청
- 약한 대상(반려동물 포함)을 괴롭히는 행동이나 말
- 밤늦게 자는 습관
- 아침에 늦게 일어나는 습관
- 흡연
- 음주
- 잦은 거짓말
- 식탁에서 밥을 같이 먹지 않는 습관
- 방을 어지르고 정리하지 않는 태도
- 사용한 물건을 제자리에 두지 않는 습관
- 몸 움직이는 일을 무조건 싫어하는 게으름
- 밤늦게 집에 들어오거나 밤에 외출 혹은 외박하는 습관
- '아니요, 아닌데요, 몰라요' 등 부정적인 말습관
- '내가 알아서 한다'고 하면서 무엇이든 미루는 습관
- 자신의 외모와 형편에 불평하는 말습관

적절한 벌칙은
용서보다 강하다

한 번에 1백여 명이 넘는 십대 아이들과 해외 연수를 가면 첫날부터 지켜야 할 규칙과 규칙을 어겼을 때 어떤 벌칙이 주어지는지 자세하게 설명한다. 첫 일주일은 아이들도 외국이기 때문에 혹은 새로운 마음가짐으로 왔기 때문에 규칙을 지키려고 노력한다. 하지만 그 시간이 지나 새로운 환경에 익숙해지면 서서히 평소의 습관대로 행동하고 말하기 시작한다. 이때부터 아이들에게 다시 규칙과 함께 벌칙을 알려준다.

한 번 어겼다고 무조건 벌칙을 적용하지는 않는다. 처음에는 잘못을 지적하는 선에서 끝낸다. 두 번째로 똑같은 규칙을 어기면 경고를 한다. 이것은 한 번 더 규칙을 어기면 경고 없이 바로 벌칙이 적용된다는 의미다. 세 번째로 똑같은 규칙을 어기면 말한 대로 벌칙을 적용한다. 잘못의 심각성에 따라서는 조기 귀국을 시키기도 한다.

연수 기간 중 아이들이 몸에 익혀야 할 규칙은 아주 소소한 것들이다. 밥 먹고 일어난 자리 깨끗하게 정돈하기, 숙소에서 다른 사람에게 피해주지 않게 정해진 시간 이후에는 큰소리치지 않기, 욕하지 않기, 화재경보기가 울리지 않도록 주의하기 등이다. 단체 생활의 질서를 유지하려고 알려주는 규칙들이지만 아이들은 화재경보기가 울리면 소방차가 정말로 출동하는지 확인해보기 위해 화재경보기에 스프레이를 뿌리기도 한다.

어떤 아이들은 호기심이나 재미를 위해 남에게 피해를 주는 것에 익숙하다. 이런 아이들은 가정 안에서 부모에게 어떠한 행동의 제약도 받지 않은 경우가 많다. 왜 그런 건지 물어보면 열이면 열이 '그냥 재미로' 또는 '심심해서' 규칙을 어겼다고 대답한다. 그리고 결과에 대해서는 "장난삼아 한 거지 나쁜 짓을 하려고 한 건 아니에요"라는 말로 빠져나간다. 이런 아이들에게는 한 가지 공통점이 있다. 아이의 부모 역시 규칙을 꼭 지켜야 한다는 신념이 없다는 점이다. 한국의 부모에게 전화해서 아이가 규칙을 어겼기 때문에 다음 날 프로그램에서 빠지고 영어 신문을 노트에 옮겨 쓰는 벌을 받아야 한다고 알리면 대부분 그냥 한 번만 봐달라고 말한다. 정해진 벌칙보다는 용서를 바라는 것이다.

규칙을 어겼을 때 무조건 용서를 한다면 규칙은 있으나 마나다. 규칙을 어긴 것에 대해 아무런 대가를 치르지 않는다면, 불편해도 규칙을 지킨 사람과 불편하다고 규칙을 어긴 사람 사이에는 아무런 차이가 없다. 오히려 규칙을 지킨 사람이 손해를 보는 꼴이다.

용서는 큰 힘을 갖지만, 아이가 먼저 배워야 할 것은 용서의 힘보다 '규칙'이다. 다음부터는 그러지 말라고 말로 타이르며 용서만 가르치면 아이들의 몸에는 규칙이 배지 않는다. 한두 번은 변명할 기회를 주고 경고하는 정도로 넘어갈 수 있지만, 그 이상으로 정해진 선을 넘으면 다른 사람을 불편하게 하고 규칙을 어긴 행동에 대해 대가를 치르게 해야 한다.

벌칙 후에는 상한 감정과 자존심을 꼭 다독여준다

사실 부모라고 해도 아이에게 벌칙이나 체벌을 주는 것은 심리적, 육체적으로 부담스러운 일이다. 아이가 잘못된 말이나 행동을 할 때 벌칙보다 용서를 하는 이유가 이런 부담감 때문은 아닌지 스스로 냉정하게 돌아볼 필요가 있다. 믿기 힘들겠지만, 아이들은 부모보다 훨씬 더 영리하고 계산이 빠르다. 부모가 용서를 하면 반성하며 돌아서지만 나쁜 습관이 바뀌지는 않는다. 잘못된 일을 해도 손해 본 게 없기 때문이다. 지속적인 용서는 아이의 나쁜 습관을 키울 뿐이다.

지켜야 하는 규칙을 설명하고 이런 이유 때문에 이 정도의 벌칙을 감수해야 한다는 것을 설명해 아이의 동의를 구하면, 아이도 자기가 한 행동과 결과를 이해하기 때문에 무조건 싫다고 버티지 않는다.

문제는 설명도 의사소통도 없이 "그러지 말라고 했지! 그러면 맞는다고 했지!" 하면서 무조건 체벌을 가하는 것이다.

"아버지가 때리는 것을 맞을 순 있는데, 설명이 없어요. 제가 무슨 잘못을 해서 맞는 거라고 설명이라도 하면 이해가 되잖아요. 그런데 그런 게 없으니 그냥 아버지 기분 나쁘다고 때리는 것 같아요."

이렇게 항변하는 아이들의 말에 부모도 귀를 기울여야 한다.

벌칙은 육체적인 체벌을 포함해 좋아하는 것을 일정 기간 금지시킬 수도 있고, 용돈을 줄일 수도 있다. 내가 즐겨 사용하는 벌칙은 '엄마와 함께 앉아서 5분 동안 말 안 하기'다. 둘이 거실이나 방에 나란히 앉아서 아무것도 하지 않고 아무 말도 하지 않고 가만히 앉아있는 것이다. 이게 무슨 벌인가 싶겠지만, 의외로 아이들은 이 5분을 견디기 힘들어 한다. TV나 전화기도 모두 꺼놓고, 가만히 앉아만 있어야 한다. 5분 후에 엄마도 이야기를 할 테니 너도 그동안 엄마에게 할 이야기를 생각해놓으라고 한다. 서로 감정도 가라앉히고 생각도 정리해보는 시간이 되어 효과가 있다.

연수 중에도 아이가 잘못을 인정하지 않고 무조건 우길 때는 잠깐 마주 앉아서 말없이 생각을 해보자고 한다. 몇 분의 시간이지만 아이는 선생님이 아무 말 없이 자기를 지켜보고 있다는 것만으로도 부담을 느껴 그동안 자신의 행동을 설명할 말들을 준비한다.

일단 아이가 자신을 설명하기 시작하면 문제 해결이 훨씬 쉬워진다. 굳이 벌칙까지 가지 않아도 규칙의 중요성을 이해시킬 수 있다.

그렇지 않고 무조건 "하지 마", "그러면 안 돼", "나중에 잘해" 정도로 가볍게 넘기면 아이도 규칙을 그만큼 가볍게 취급한다.

아무리 가벼운 벌이라도 일단 벌을 주었다면 이후에는 아이의 상한 감정과 자존심을 꼭 어루만져줘야 한다. 용서의 말과 함께 꼭 안아주는 행동이 있어야 한다. 안아주는 것은 작은 일 같지만 아이에게 자신이 다시 그대로 수용되고 있다는 큰 안도감을 준다. 체벌은 강력한 효과가 있는 만큼 사용할 때도 늘 조심해야 한다. 용서보다 더 사용하기 어려운 양날의 칼이 바로 체벌이다.

때로는 일상의
암행어사가 되어라

요즘 부모들은 스마트폰으로 아이를 잘 통제하고 있다고 생각한다. 집 밖에 있다가 아이가 학교에서 돌아왔겠다 싶으면 전화해서 스케줄을 체크한다.

"학교 갔다 왔어? 냉장고 첫 번째 칸에 음식 보이지? 그거 전자레인지에 돌려서 먹고 늦지 않게 학원에 가. 학원에 도착하면 엄마한테 문자 보내고."

전화를 끊은 후 아이는 30분에서 1시간 정도 집에서 음식을 먹고 옷을 갈아입은 후 학원에 갈 준비를 한다. 하지만 순순히 그것만 했다고 생각한다면 오산이다.

엄마의 확인 전화가 오고 나면 아이는 적어도 30분 정도는 안심이다. 엄마는 특별한 일이 없는 한 30분간은 전화를 하지 않을 것이다. 아이는 그동안 스마트폰으로 각종 사이트에 들어가거나 야동 한 편을 볼 수도 있다. 실제로 초등학교 6학년을 포함해 중학교 1학년 이상의 남학생들은 대부분 방과 후 부모가 없는 집에서 학원 갈 준비를 하거나 혼자 있을 때 야동을 본다고 털어놓는다. 부모는 스마트폰으로 아이를 컨트롤한다고 믿고 있지만 현실은 아이들이 스마트폰으로 부모를 컨트롤하고 있다.

한빛이가 2년 넘게 다녔던 중학교는 집에서 가까운 유대인 학교였다. 99%의 아이들이 유대인이어서 학교 행사나 날짜가 모두 유대인 달력으로 움직여 낯선 점이 많았지만, 나는 이스라엘 교육이 갖는 장점이 있을 거라는 생각에 이 학교를 고집했다.

"난 학교가 진짜 싫어, 엄마. 애들이 다 자기들끼리 놀고 난 끼워주지도 않아. 히브리어를 배우기도 싫고."

"그래도 넌 학교 대표팀에서 뛰기도 하고, 애들도 인정해주잖아. 괜찮아질 거야."

처음에는 그렇게 대응하고 아이 말을 가볍게 넘겼다. 그런데 어느 날 점심시간에 학교를 방문했다가 뜻밖의 장면을 목격했다. 야외 테이블에 줄지어 앉아 점심을 먹는 아이들이 보였는데 가만히 보니 맨 끝에 한빛이랑 세 명의 아시아 학생들이 따로 앉아 있었다. 그날 본 아이의 뒷모습에서 나는 아이가 학교에서 느꼈을 외로움과 고통을 그대로 느낄 수 있었다. 다음 날 나는 바로 아이의 전학 준비를 시작했다.

아이의 숨겨진 일상에도 관심을 갖자

적어도 한 번은 아이 모르게 아이의 하굣길을 뒤따라가며 부모 자신이 아는 모습과 같은지 확인해보는 것이 좋다. 학원을 오가는 모습과 학원 교실에 앉아 있는 모습도 한 번쯤 살펴본다. 한 번 봐서 뭘 알 수 있을까 생각하겠지만 그때 본 모습이 아이의 핵심일 수 있다. 아이가 어디를 가는지, 친구들과 어떤 말투로 이야기를 하는지, 집에서 나갈 때 입은 옷과 같은 옷을 입고 있는지 등 몰래 따라가며 아이의 모습과 태도, 말투, 가는 길을 직접 살펴본다. 집에서는 늘 밝고 씩씩한데 학교에서 걸어 나오는 모습은 풀이 죽어 있는지, 집에서는 말이 없는데 친구들과 걸어갈 때는 활기찬지 등을 관찰함으로써 부모가 모르는 아이의 진짜 모습을 확인할 수 있다.

아이가 친구를 함부로 대하거나 거친 말투를 사용한다면, 부모 몰래 학원 수업을 빼먹고 PC방을 드나들고 있다면 집에 돌아온 후 이야기를 해야 한다. 길을 가다 우연히 봤다고 해도 좋고, 친구들과 있어서 아는 척하지 않고 그냥 따라가기만 했다고 해도 좋다. 부모가 모르고 있는 모습들에 대해 아이와 진지하게 이야기를 나눠야 한다. 언제부터 그랬는지, 몇 번이나 그랬는지, 무엇을 하는지 자세하게 물어본다. 그럴 때 "오늘이 처음이야"라는 아이의 말을 믿고 그냥 넘어가서는 안 된다. 부모가 아는 아이의 스케줄에서 15분만 비어도 그 시간에 아이들은 얼마든지 딴짓을 할 수 있다. 그렇기 때문에 스케줄에서 15분 이상 어긋날 것 같으면 항상 미리 전화를 하도록 가르친다.

부모가 간섭하지 않고 확인하지 않는 것은 아이에게 나쁜 기회를 주는 것과 같다. '감춰봤자 어차피 엄마는 다 알게 되어 있어' 또는 '처음부터 털어놓는 게 나아. 우리 엄마에게는 절대 숨길 수 없어' 같은 생각이 아이들 머릿속에 입력되게 해야 한다. 이건 매우 중요하다. 처음에는 간섭 같고 통제 같지만, 허용되지 않는 것들을 규칙으로 만들어놓으면 부모와 아이 모두 한결 편해진다. 넘어서는 안 될 선이 확실하게 그어져 있기 때문이다.

시간 관리가 규칙적으로 되려면 부모가 아이와 늘 함께 움직여주는 게 좋다. 난 아이들끼리만 집에 두고 외출하는 일이 없었다. 호주에는 어른의 보살핌 없이 15세 미만 아이들끼리만 집에 둘 수 없다는 법이 있기도 했지만, 30분 정도 마트에 가더라도 아이들을 차에 태우고 갔다. 운동을 할 때도, 도서관을 갈 때도 아이와 함께 움직였다.

"잠깐 마트에 다녀오는 시간까지 데리고 가야 한다면 서로 피곤해서 어떻게 살아요?"

이렇게 생각하는 부모가 있을 수 있다. 하지만 그 시간을 피곤하다고 생각하지 말고 아이가 공부하다가 머리를 식히는 시간, 엄마를 도와서 집안일에 동참하는 시간, 아이의 이야기를 편하게 들어줄 수 있는 시간이라고 생각하면 어떨까? 아이에게 실물 경제가 어떻게 돌아가는지 가르쳐줄 수도 있고, 집안일에 자연스럽게 동참시키는 기회도 될 수 있다.

"같이 다닌다고 문제가 없나요? 아이랑 같이 있어 봐야 할 이야기도 없는데."

　같이 있어도 할 이야기가 없는데, 하물며 아이 따로 부모 따로 움직이면 아이의 변화를 언제, 어떻게 알 수 있겠는가? 아이의 모든 것을 꿰고 있지 않으면 어떤 문제가 생겼을 때, 왜 그런 일이 생겼는지 이해할 수 없다. 아이의 일상에 숨겨진 함정의 가능성을 보지 못하기 때문이다.

오늘 내 아이의 모습이 최선이라고 인정하라

부모가 아이를 있는 그대로 인정하고 만족하는 시기는 첫 번째 발달 과제인 '뒤집기'를 시작하기 전까지가 아닐까? 몇 개월이 지나도 뒤집기를 못하면 부모들은 그때부터 조바심을 낸다.

"옆집 애는 뒤집었대."

"뒷집 아이는 앉았다던데?"

"친구 아들은 손을 놓고 섰대."

아이의 존재 자체에 감탄하던 부모는 어느새 옆집, 뒷집 아이와 자신의 아이를 비교하기 시작한다. 교육이라는 이름으로 아이에게 무언가를 가르치기 시작하면서부터 부모의 비극도 시작된다. "지금 우리 애가 제일 예뻐요. 오늘처럼 아이가 나를 행복하게 했던 날이 없어요"라고 말하는 부모는 거의 만날 수가 없다.

임신 초기에 입덧이 심할 때는 이 입덧만 지나가면 살 것 같다고 생각한다. 임신 말기에 배가 만삭일 때는 아이만 낳고 나면 숨을 쉴 것 같다고 생각한다. 잠도 편하게 자고, 몸도 편하게 움직일 수 있을 것 같다. 그러나 막상 아이를 낳고 보면 '배 속에 있을 때가 가장 좋을 때'라는 말에 고개를 끄덕이게 된다. 젖을 먹이는 일은 왜 이렇게 힘들고, 아기는 왜 한 시간마다 깨서 울고 보채는지……. 아기가 혼자 걷기만 해도, 밥숟가락을 들기만 해도, 혼자 오줌만 눠도, 대변만 봐도, 옷만 입어도 좋겠다는 바람은 어서 빨리 자라서 혼자 일을 처리할 수 있었으면 좋겠다로 점차 바뀐다.

바람은 여기서 그치지 않고 더 커진다. 다른 아이들보다 조금 더 크게 자라주기를, 다른 아이들보다 더 빨리 말해주기를, 다른 아이들보다 조금 더 영리한 모습을 보여주기를 애태우며 기다린다. 그래서 오늘 내 아이의 모습은 언제나 부족하게 느껴진다. 아이를 볼 때마다 감사와 기쁨보다는 안타까움과 조급함이 먼저 일어난다. 아이의 부족함에 안타까움과 조급함이 일어날수록 자신은 교육열이 높은 부모라고 스스로 위로하고 있을지도 모른다.

"오늘이 가장 아름다운 최선의 모습이라고요? 우리 아이는 더 크게 될 애예요. 더 똑똑하고 더 멋진 아이가 될 거예요."

혹시 이렇게 말하는 부모는 아닌가? 그렇다면 아이가 주는 현재의 기쁨을 놓치고 있는 것이다. 아이는 오늘 가장 예쁘고, 오늘 보여주는 모습이 아이의 진짜 모습이다. 비록 그 모습이 부모가 꿈꾸고 바라는 만큼이 아니라도 인정해야 한다. 아이의 미래 모습만 꿈꾸지 말고, 아이의 오늘 모습을 보고 감사하고 기뻐해보자. 몇 년 전 찍어 둔 아이 사진을 꺼내 보면 아이가 얼마나 예쁘고 순진한 표정으로 자랑스럽게 폼을 잡고 있는지 모른다. '이렇게 예쁘고 귀여웠구나' 하며 새삼 감회에 젖는다. 지금 아이의 모습도 몇 년 후에 돌이켜보면 충분히 아름답고 총명한 모습일지 모른다.

아이는 믿는 만큼 성장한다

부모가 아이의 모습을 있는 그대로 인정하지 못하고 자꾸 높은 목표를 제시하면 아이가 자극을 받아 더 높은 곳에 이를 수 있다고 여기지만, 오히려 그 반대다. 아이들은 아무리 노력해도 부모를 만족시킬 수 없다는 좌절감을 느끼게 된다. 좌절감이 깊어지면 결국 놓아버린다. 부모의 높은 목표가 아이에게는 좌절의 기회가 되는 것이다. 부모가 있는 그대로의 모습에 만족하고 부족한 모습에도 절망하지 않으면, 아이 스스로도 자신을 받아들이는 것이 편해진다.

물론 부모는 아이의 부족한 모습에 편안함을 느끼기가 쉽지 않다. "왜 너는 그거밖에 못하니?", "조금만 더 열심히 해봐" 하고 계속 다그치는 것도 이해된다. 아이가 어찌어찌 노력해서 더 나은 모습을 보여줄 수도 있다. 하지만 그 길이 얼마나 힘들고 괴롭겠는가. 조금만 더 잘하라고 말하기 전에 '지금도 잘하고 있다'고 말해준다면, 5kg만

빼면 예쁘겠다고 말하지 말고 '지금도 예쁘다'고 말해준다면 어떨까?

현재 모습을 인정해주는 것 자체가 아이에게는 긍정적인 격려가 된다. 부족한 상태를 인정해주면 아이가 더 이상 노력하지 않는 것 아니냐고 걱정하는 부모가 있는데, 사람은 누구나 본능적으로 더 나은 것을 위해 움직이고 싶어 한다. 아이에게도 공부를 좀 더 잘하고 싶은 욕구가 있다. 따라서 부모에게 인정받고 싶고, 더 잘하고 싶은 아이의 마음을 이해해주며 긍정적인 격려를 아끼지 말아야 한다. 아이는 부모의 인정과 격려를 통해 조금씩 더 나은 모습으로 성장해나가는 법이다.

오늘 내 아이 모습을 있는 그대로 받아들이고 기뻐하고 있는가? 그렇지 않다면 오늘은 아이를 있는 그대로 칭찬하고 인정하고 바라보자. 얼마나 예쁘고 사랑스러운가! 아이가 자라는 모습 그대로 보고 느끼자. 오늘이 내 아이의 황금기다.

TIP 아이와 대화가 어려울 때 기억하면 좋은 7가지

1 대화의 목적을 잊지 않는다.
예상치 못한 아이의 반응에 당황해 감정적으로 말하다 보면 대화가 산으로 갈 수 있다. 아이의 잘못을 지적하고 꾸중하기 위한 대화인가, 아이의 마음을 달래기 위해 시작한 대화인가? 목적을 기억하면 언어를 선택할 수 있다.

2 부모의 말은 '정답'이고 아이 말은 '문제'라는 공식에서 벗어나본다.
대화는 부모의 생각을 내려놓은 자리에 아이의 생각을 올려놓는 것이다. 그리고 서로가 취하고 버릴 양을 조율하는 것이다.

3 '넌 어떻게 생각하니? 하고, 먼저 아이 생각을 물어본다.
대답이 만족스럽지 않다고 해도 '넌 어떻게 맨날 모른다고 하니?' 하는 비난의 말은 하지 않는다. 영원히 아이의 마음을 닫는 망치질이다.

4 짧고 간결하게 말한다.
참고 참다가 폭발해 오랜 시간을 잡고 이야기를 하는 것보다는 그때그때 간결하게 말하는 게 좋다. 내용은 단호하되 말투와 표정은 부드러워야 한다.

5 부모 생각과 다른 부분이 있어도 긍정적인 추임새를 잊지 않는다.
'그래, 그랬구나', '저런. 엄마는 몰랐네', '그렇구나. 힘들었겠다' 이런 말들은 아이가 방어하지 않고 있는 그대로 자신을 드러낼 수 있게 한다.

6 아이가 자기 생각을 강력하게 주장한다면 그 근거가 어디에 있는지 들어본다.
사춘기 아이들은 '옳다, 그르다'보다는 '좋다, 싫다'는 감정에 치우치기 쉽다. 이제는 좋고 싫은 어린아이의 판단 기준이 아니라 '해야 할 일인가?', '하지 말아야 할 일인가?'에 판단의 근거를 두고 행동해야 함을 설명한다.

7 아이의 몸짓이나 표정, 말투를 통해 드러나는 진짜 속마음을 읽자.
때때로 말은 속마음을 감추는 도구가 되기도 한다. 똑같이 '네'라고 대답을 하지만 말을 끊기 위해서 '네'라고 하는지, 잘못을 인정하는 '네'인지 구별해서 대화를 이끈다.

사춘기라고 해서 무조건 눈감아줄 게 아니다.
더 늦기 전에 넘어서는 안 되는 선과 결코 해서는 안 되는 일을 가르쳐야 한다.
부모의 사랑과 가르침 속에서 아이는 세상으로 나아갈 준비를 할 수 있다.

PART 4

사춘기가 끝나기 전 반드시 가르쳐야 할 것들

가치관
어떤 상황에서도 감사할 줄 알기

"그래도 우린 감사하다."

결혼하고 시댁에 왔을 때 시어머니께 가장 많이 들었던 말이다. 내 눈에는 감사할 거리가 하나도 없어 보였는데 어머님은 늘 '그래도 우린 감사하다'는 말씀을 입에 달고 사셨다.

'한 방에 여섯 명의 어른이 한데 모여 자는데 도대체 뭐가 감사하다는 말씀일까?'

'부엌도 없는 단칸방에 정기적인 수입도 없는데 어떻게 우린 감사하다고 말할 수 있을까?'

나는 이런 생각을 하면서 과연 그 말이 진심일까 의심했다. 사실 '맨날 감사하다는 말만 하면 무슨 발전이 있나요'라고 말하고 싶었다. '그래도 우린 감사하다'는 어머님의 말씀이 진짜로 당신의 진심이었다는 걸 깨달은 것은 어머님이 돌아가시고 난 후였다. 삶의 지혜는 이처럼 늦게 오는 법이다.

어떤 상황에서도 감사할 거리를 먼저 찾아내고, 고마운 사람에게 감사의 마음을 제때 표현하는 것은 아이가 어릴 때부터 반드시 가르쳐야 한다. "감사라는 것이 그렇게 중요한가요?"라고 묻고 싶다면, 감사가 사라진 자리를 무엇이 대신할 것인지 생각해보면 된다.

감사하지 않으면 틀림없이 불평하게 된다. 정도의 차이는 있지만 감사할 줄 모르는 아이는 결핍과 불만을 먼저 표현한다. 대놓고 불평하지 않는다고 해도 자신이 가진 것을 고마워하기보다는 당연하게 여긴다.

'부모이니까 이 정도는 당연히 해줘야 하는 거 아닌가?'

'나보다 더 좋은 것을 누리고 사는 사람도 있잖아.'

이런 마음에서는 '그래도 감사합니다'가 아니라 '겨우 이거야?'라는 불평과 불만만 자라게 된다.

부모 먼저 일상에 감사하자

감사의 표현은 부모가 늘 감사하는 마음 자세를 갖고 있지 않으면 가르치기 어렵다. 부모가 아무리 훌륭한 말을 해도 아이는 부모가 말하는 대로 자라지 않고, 본을 보이는 대로 배우고 자란다. 그리고 중요한 순간에는 부모의 뒷모습을 보고 배운 것이 그대로 나오게 된다.

"엄마는 다른 애들은 다 갖고 있는 걸 이제 사주면서 뭐 대단한 걸 사준 것처럼 그래?"

"그게 얼마나 한다고 엄마는 맨날 돈이 없대? 우리보다 더 못사는 애들도 다 가지고 있는데."

이렇게 말하는 아이가 있다면, "엄마도 힘든데 제가 원하는 걸 사주셔서 감사해요"라고 말할 수 있도록 말을 바꿔주자. 그때그때 아이의 말을 바꿔줘야 다음에 같은 상황에서 어떤 말을 할지 아이가 배우게 된다. 그런데 많은 부모가 아이가 투덜대고 불평할 때는 묵묵히 있다가 어느 날 아이의 불평이 누르지 말아야 할 어떤 스위치를 누르면 그제야 "넌 어떻게 맨날 그렇게 불평을 입에 달고 사니?" 하고 버럭 소리를 지른다. 그렇게 해서는 아이에게 "엄마는 괜히 소리 지르고 그래"라는 정도의 말밖에 들을 수가 없다.

"공부하느라 힘들었을 텐데 엄마를 도와줘서 정말 고맙다."

"너희가 엄마 아빠 말을 잘 따라주는 모습을 보면 참 감사해. 또 이렇게 건강하게 잘 자라주니 얼마나 감사한지 몰라."

"아빠가 피곤하고 힘드실 텐데 주말이면 너희랑 시간을 보내줘서 엄마는 참 감사해."

이 같은 생활 속 작은 감사의 말들이 쌓이면 아이들은 저절로 감사하는 습관을 갖게 된다. 어느 날 큰 불행이 닥쳐서 평범한 일상이 별 탈 없이 반복되는 게 얼마나 큰 감사 거리인지 굳이 겪어서 배울 필요는 없다. 지금 있는 그 자리에서 늘 감사하는 마음을 표현하도록 훈련해보자.

`가치관`

손해를 보더라도
꼭 지켜야 하는 것이 있다

'대가'라는 말은 뭔가 불량스러운 느낌이 있다. 그래서 좋은 습관을 갖기 위해서라고 해도 어떤 대가를 지불하라고 하면 불편해한다. 나쁜 습관을 없애기 위해 대가를 지불하는 것은 당연한데 왜 좋은 습관을 갖는 데까지 대가가 필요하냐고 묻고 싶은 것이다.

이 세상에서 가치 있고 좋은 것은 저절로 얻어지지 않는다. 가만히 있어도 그냥 얻어지는 것은 대개가 나쁜 습관들이다.

아이에게 좋은 습관을 길러주고 싶다면 그 좋은 습관을 내 것으로 만들기 위해 어떤 대가를 치르도록 가르쳐야 한다. 행동으로 자연스럽게 이어질 때까지 연습하고 훈련하는 시간과 노력이 필요함을 알려줘야 한다. 정원을 망치는 가장 빠른 길은 제초제를 뿌리는 것이 아니라 그냥 내버려두는 것이다. 그냥 놔두면 제아무리 좋은 것도 쉽게 망가진다. 대가를 지불하려고 하지 않는 태도는 공짜를 바라기 쉽고, 공짜를 얻으려고 하는 사람은 인생에서 가치 있는 것을 얻을 수 없다.

대가를 지불하지 않고 쉽게 얻어지는 것들 중에 가치 있는 것은 무엇인지 아이에게 퀴즈를 내서 답을 써보라고 하자. 그리고 그 답을 온 가족이 비교해보자. 의외로 대가 없이 얻어지는 귀한 것은 없다는 걸 알게 될 것이다.

돈으로 환산할 수 없는 가치를 알게 하자

좋은 성적을 얻기 위해서 대가를 지불하라고 하면 아이들은 돈을 주고 시험의 족보를 사거나 비싼 족집게 과외 선생님을 만나야 되는 건가 생각한다. 그러나 좋은 성적에 필요한 대가는 관심의 우선권을 공부에 두고 묵묵히 노력하는 시간과 친구들이 몰래 하는 커닝을 하지 않고 자기 실력대로 시험을 보는 정직한 용기다. 사람이 정직하지 못할 때 그 이유는 간단하다. 정직하면 손해를 보거나 거짓말을 했을 때 얻을 게 더 많기 때문이다. 그래서 정직 대신 속임수나 거짓말을 선택한다. 만약 아이가 시험이나 학교생활에서 정직을 택했다면 분명하게 칭찬해줘야 한다.

"정직해서 손해를 보는 건 네가 정직한 사람이 되기 위해 지불한 대가야. 세상에 공짜로 얻어지는 것은 없단다. 지금은 손해를 본 것 같지만 거짓 대신 정직을 얻었기 때문에 더 큰 것을 얻은 거야."

이와 달리 같은 상황을 두고도, "눈 딱 감고 적당히 넘어가지 그랬어. 친구들은 다 했는데, 왜 너만 정직하게 해서 그런 손해를 봐"라고 말하는 부모가 있는데, 이것은 아이에게 이익이 된다면 도둑질을 해도 괜찮다는 가치관을 심어주는 것과 같아서 위험하다. 원래 도둑질이 힘들이지 않고 이득을 보는 일 아닌가.

손해란 대체로 숫자로 계산되어 눈에 보이는 재산상의 손실로 나타난다. 혹은 인간관계가 틀어지거나 시간 사용에 제약을 당하는 형태로 나타난다. 피할 수 있는 손해는 당연히 피하는 것이 맞다. 하지만 손해 보지 않으려고 더 중요한 가치를 잃는다면 그것이 바로 '손해 보는 선택'이 되는 것이다.

손해를 보더라도 당당한 대가를 치르고 얻은 것은 오래간다. 자부심이 생긴다. 그 자부심이 주는 효과는 돈으로 환산할 수 없다.

가치관
남의 아픔에 눈감지 않는 마음

몇 년 전 〈십대들의 쪽지〉 사무실로 무거운 동전 보따리가 도착한 적이 있다. 보따리에는 지난 3년간 아이와 함께 모은 동전인데 저금통이 꽉 차서 어떻게 할까 고민한 끝에 〈십대들의 쪽지〉로 보낸다는 편지가 동봉되어 있었다.

온 가족이 한 가지 뜻을 정해서 그것을 위해 한 푼 두 푼 동전을 모으는 일은 어느 가정에서나 부담 없이 할 수 있다. 그런데 그렇게 모은 동전을 우리 가족이 아닌 다른 사람을 돕는 데 쓴다면, 그것만으로도 아이에게 타인을 돕는 삶을 가르칠 수 있다.

"다른 사람들은 나를 도와준 적이 없는데, 왜 나는 남을 도와야 돼요? 지금 용돈도 부족하단 말이에요."

스스로 경제력을 갖추지 못한 아이들은 돈으로 남을 돕는 일이 쉽지 않다. 그럼에도 불구하고 길을 가다가 손을 벌리는 사람에게 작은 돈이라도 건넬 수 있는 여유를 갖게 하는 것은 중요하다.

"그래. 그럴 거야. 네가 많은 용돈을 받는 것도 아니니까. 그런데 돈이나 시간은 재미있는 속성이 있어. 나 혼자만을 위해 사용하면 늘 부족한데, 남을 위해 조금이라도 나누고 나면 여유가 생긴단다. 이건 남을 위해 돈과 시간을 써본 사람만이 알고 있는 비밀이야. 시간과 돈이 남을 때 남을 돕겠다는 말은 평생 남을 도울 수 없다는 말과 같아. 부족하면 작은 동전이라도 모아서 남을 돕는 마음을 가져야 하지. 네가 1만 원이 있을 때 100원을 주는 것이 힘들면, 나중에 100만 원이 생겼을 때도 1만 원을 주는 것이 힘들거든. 지금 적은 용돈을 받고 있긴 하지만 1,000원이라도 다른 사람과 나눌 줄 아는 마음을 가졌으면 해. 그리고 공부하기도 바쁘지만 가능하다면 짬을 내서 남을 돕는 일도 하면 좋을 것 같아. 인생을 풍성하게 만드는 비밀을 우리 귀한 딸도 알았으면 좋겠다."

나는 우리 아이들에게 어디를 가든 늘 "제가 도울 일이 없을까요?"라고 물으라고 가르쳤다. 아무리 부자라도 다른 사람의 도움이 필요하지 않은 사람은 없으며, 아무리 가난해도 남을 도와줄 것이 하나도 없는 사람은 없다. 항상 자신이 가지고 있는 무언가로 남을 도우려고 해야 한다. 나의 작은 도움이나마 필요한 곳이 있다면 기꺼이 관심을 갖고 힘을 보태는 것은 당연하다. 아이는 나누는 행동을 통해 남의 아픔에 눈감지 않는 마음이 쌓인다. 남을 돕는 일이 자신에게 더 큰 기쁨과 보람이 되어 돌아온다는 사실을 자연스럽게 체험하게 하게 된다.

남을 돕는 일은 건강한 자존감을 갖게 한다

아주 작은 봉사라도 가족이 함께하는 경험은 중요하다. 한 달에 한 번이라도, 아니면 중간고사와 기말고사가 끝나는 토요일, 그러니까 한 학기에 두 번 정도 부모와 자녀가 함께 자원봉사를 해보자. 자녀의 수행평가를 위해서 부모가 일방적으로 혼자 하는 자원봉사가 아니라 아이와 함께하는 자원봉사가 의미 있다. 물론 가치 있는 일이라고 해서 아이들이 쉽게 부모를 따라 움직이리라고 기대하지는 말자. 좋은 일이니 윽박질러서라도 억지로 시켜야 한다고 단정 지어서도 안 된다.

"엄마, 나 일주일 내내 학교랑 학원 다니느라 피곤해요. 토요일은 내가 쉬고 싶은 대로 쉬면 안 돼요? 꼭 토요일에 자원봉사를 하러 가야 돼요?"

"그래, 힘들고 피곤하지. 일주일 내내 학교 다니며 공부했는데……. 그러니까 전혀 다른 분위기에서 시간을 보내면 어떨까? 엄마는 너하고 같이 가고 싶어. 지금은 다 하기 싫어도 일단 움직이고 나면 기분이 훨씬 더 좋아질 거야. 한번 가보고 별로 내키지 않으면 다음 주부터는 네 말대로 쉬도록 해. 그러니 오늘만 한번 가보자."

누군가를 돕고자 주머니에서 짤랑거리는 동전을 모으는 아이, 늦잠 자고 싶고 놀고 싶은 토요일 하루를 뚝 떼어서 나와 전혀 상관없는 사람들의 일손을 덜어주는 데 쓰는 아이 등 남을 돕는 아이들은 인성이 좋고 바를 수밖에 없다. 건강한 자존감을 갖게 된다. 약한 친구를 이유 없이 괴롭히거나 돈을 빼앗을 리도 없으며, 성적이 조금 떨어지거나 친구들이 따돌린다고 해서 자살을 생각하지도 않는다. 어려운 일을 겪어도 나의 인생을 쉽게 망가뜨리지 않는 굳은 심지를 갖게 된다.

`가족관계`

부모도 도움이 필요한 존재다

나와 남편은 아이들이 아주 어릴 때부터 집안일을 돕게 했다. 유치원에 다니기 전부터 매달 〈십대들의 쪽지〉 발송 작업을 할 때 우표를 붙이고, 책자를 들어 나르고, 봉투에 집어넣는 일을 함께했다.

아침에는 이불 정리도 거들었다. 나와 남편이 후딱 해치울 때보다 시간이 두세 배로 들었지만 "영차! 영차!" 하면서 이불을 들어 장롱에 넣으면 아이들은 엄마 아빠를 도와 뭔가를 했다는 것에 큰 뿌듯함을 느끼는 듯했다. 조금 커서는 저녁 설거지도 아이들 몫이었다. 아이 둘이 설거지를 하다 보면 접시 두세 개가 깨질 때도 있었고, 씻어 올린 그릇들이 조금 엉성하기도 했지만, 그럴 때도 우리 부부는 "아이고, 우리 아들 잘하네. 우리 딸이 이렇게 설거지를 잘하는구나!" 하고 칭찬해주었다. 그러고 나서 아이들이 잠들면 그 그릇들을 모두 꺼내 다시 설거지를 하곤 했다.

"엄마가 그냥 해버리면 될 텐데, 그렇게까지 시켜야 할까요?"

"답답해서 그걸 어떻게 보고 있어요?"

"나중에 어른 되면 질리도록 할 텐데, 뭐 좋은 일이라고 어려서부터 시켜요?"

우리 부부의 이야기를 들은 사람들의 반응은 대부분 이러했다. 하지만 아이들은 엄마 아빠를 도우면서 자부심을 느끼고, 부모도 도움이 필요한 존재라고 인식한다. 아이들 앞에서 전지전능한 부모인 양 위엄을 내세울 필요는 없다. 힘들면 힘든 대로, 쉬면 쉬는 대로 부모의 모습을 있는 그대로 보여주면 어떤가. 그래야 아이들도 부모에게 전인적인 완벽함을 기대하지 않는다. 아이들이 부모도 휴식이 필요하고 도움이 필요하다는 사실을 인식하지 못하면, 엄마가 아파 누워 있어도 엄마가 해주지 않은 일에 대한 불편과 짜증만 토로할 뿐 자신이 엄마를 위해 무언가를 할 수 있다는 생각은 하지 못한다. 엄마는 부지런히 자신의 필요에 응답하고 수발을 들어줘야 하는 사람 정도로만 생각한다.

부모를 도우면서 배우는 것들

부모도 자녀의 도움을 필요로 하는 존재라는 것을 아이가 어릴 때부터 의식적으로 가르쳐보자. 작은 일이라도 한 번 아이가 부모를 도왔다는 뿌듯함을 느끼면, 그 이후에는 스스로 알아서 부모를 돕는다. 이불을 함께 정리하고 저녁 설거지를 하던 우리 아이들은 커가면서 부모를 돕는 일들을 더 많이 찾아 했다. 어떻게 하면 엄마 아빠를 도울 수 있는지 작은 일부터 해본 경험이 있었기 때문이다.

많은 부모가 집안일에 아이의 도움을 받는 것을 어색해한다. 특히 전업주부인 경우에는 공부하느라 지친 아이에게 집안일을 돕게 하는 것에 죄책감을 느낀다. 그러면 아이는 부모를 돕는 것은 고사하고 자기가 해결할 수 있는 일에 대해서도 부모 손을 빌리는 것을 당연시하게 된다. 부모의 도움이 조금이라도 늦어지면 짜증이나 화를 낸다. 이런 일이 반복되면 아이는 부모를 자신이 필요할 때 언제든지 도울 수 있도록 항상 대기하고 있는 사람으로 착각할 수 있다.

우리 집을 방문한 사람들은 내가 이런저런 사소한 심부름을 시키고, 아이들이 별말 없이 그 일을 하는 모습을 보며 놀라워한다. 쓰레기봉투를 내놓는 일에서부터 집 안을 정리 정돈하는 일, 청소기를 돌리는 일, 때로는 설거지에 커피 심부름까지 우리 집에서는 아이들의 이름이 쉴 새 없이 불리고 그때마다 이런저런 일들이 주어진다.

아이에게 집안일의 일정 부분에 대해 책임을 주는 것은 아이를 독립된 인격체로 인정한다는 뜻이다. 어릴 때부터 간단히 할 수 있는 일은 혼자 해보는 경험을 쌓게 하고, 커서는 집안일을 자연스럽게 분담하도록 설명할 필요가 있다. "너도 힘들겠지만 엄마와 아빠도 다른 일들로 바쁘고 힘드니까 집안일은 서로 영역을 나눠서 책임지고 해보자"라고 말한다. 아이는 처음에는 어색하고 불편해도 곧 부모의 방침을 이해하고 따르게 된다.

집안일을 돕는 습관과 훈련이 된 아이는 집 밖에 나와서 다른 사람을 잘 배려할 줄 안다. "집에서 어머니를 자주 돕는 걸요" 하면서 아무렇지 않게 탁자를 닦고 주변을 정리하는 남학생을 보면, 그 아이가 집에서 부모 말에 순종하며 따르는 모습이 떠오른다. 부모를 돕는 일에 익숙한 아이는 사회에 나와서 주어진 일에도 책임을 다한다. 큰 일이든 작은 일이든 자신에게 주어진 일은 스스로 해내야 한다는 것을 가정에서 배웠기 때문이다.

부모가 모든 것을 챙겨주는 분위기에서 자란 아이들은 가정 안에서 책임이나 의무는 없고 권리만 주장하는 생활을 하기 쉽다. 자기가 누릴 권리만 주장하는 아이들은 이기적인 말이나 행동을 쉽게 하고 다른 사람을 배려하는 마음을 갖기 어렵다. 이런 습관을 대체할 수 있는 것이 바로 작은 역할이라도 책임을 주고 일을 맡기는 것이다.

"너는 성격이 꼼꼼하니까 자기 전에 집 안에 불이 다 꺼졌는지 확인해줄래? 현관문은 잘 잠겼는지도 책임지고 점검해줬으면 좋겠어."

이렇게 당부하면 아이는 책임을 다하기 위해 잠자기 전에 집 안을 한번 둘러보게 된다. 책상에서 그냥 잠들거나 침대에서 불을 켜놓고 자는 일도 없다. 이런 시간들은 아이에게 가족의 구성원으로서 뭔가를 하고 있으며 이 집에서 꼭 필요한 존재라는 자부심을 심어준다.

`가족관계`
서로 마음을
여는 시간

사람은 누구나 자기 마음을 알아주는 사람과 이야기를 하고 싶어 한다. 아이들도 마찬가지다. 친구든 이성이든 어른이든 내 마음을 판단하지 않고 있는 그대로 들어주는 사람을 선호하고 찾는다. 그런데 그런 존재가 부모라면 더 말할 나위 없이 좋은 일이다.

'10년 후에 내가 살아 있을지 죽었을지 모르는데 무슨 꿈이에요.'

10년 후 모습을 상상하여 글을 써보라고 했더니 중학교 1학년 남학생이 글 속에 이런 말을 썼다. 왠지 자살이라도 시도할 것 같은 우울함이 가득해서 아이를 불러내 이야기를 시작했다.

"네 글을 읽고 조금 놀랐어. 선생님은 네가 밝고 명랑해서 이런 고민이 있는 줄 몰랐거든. 뭐가 그렇게 힘든 거니?"

"그냥 살기 싫어요. 학교도 다니기 싫고, 공부는 해서 뭐하나 싶기도 하고…….”

"넌 유명한 운동선수가 되고 싶다고 했잖아."

"그랬죠. 그거야 엄마가 시켜서 한 거죠. 사실 전 운동 안 좋아해요. 엄마가 하라니까 하는 거예요."

"그럼, 엄마한테 운동하기 싫다고 말씀드렸어?"

"우리 엄마한테는 그런 말이 안 통해요. 하기 싫어서 꾀부린다고 생각해요."

"운동을 잘한다고 들었는데 그러면 지금까지 어떻게 해왔니?"

"진짜 스트레스 받으면서 그냥 한 거예요. 그런데 엄마는 제가 이런 걸 몰라요."

"네가 이렇게 스트레스를 받고 있다면 솔직하게 말씀을 드려야지. 안 그래?"

"우리 엄마는 내가 운동하기 싫다고 하면 연습하기 싫다는 말로 들어요. 요즘에는 학교도 싫어요. 진짜 10년 후에 내가 살아 있을지도 모르겠어요."

"왜 이렇게 중요한 이야기를 엄마에게 숨기고 있니?"

"엄마와는 말하기 싫어요. 내가 말을 시작하면 엄마는 뻔한 이야기만 해요. '열심히 해라. 그러면 된다. 다른 애들도 하는데 왜 너는 못하니?' 이런 말 듣는 것도 이제 지겨워요."

부모들은 종종 '내가 낳은 자식인데도 속을 모르겠다'고 하소연한다. 반면, 아이들은 엄마 아빠에게 말해봤자 늘 똑같은 말만 하기 때문에 말할 필요가 없다고 한다. 엄마 아빠가 하는 말은 공부나 성적, 잘못한 일을 지적하는 내용밖에 없기 때문에 아예 대화를 하지 않는다는 것이다. 혈연이라는 이름으로 묶여도, 한집에서 살아도 부모와 아이는 이렇게 서로 어긋난다.

아이와 데이트하는 시간을 만들자

부모 자식 사이도 말을 하지 않으면 속을 알 수 없다. 따라서 아이가 어떤 생각을 하고, 어떤 고민이 있는지 알고 싶다면 둘만의 시간을 자주 갖는 게 좋다.

귀찮더라도 아이와 데이트를 많이 하라고 조언하면 부모들은 '서로 바쁜데 그럴 시간이 어디 있냐'고 푸념부터 한다. 그리고 그 시간에 책상에 앉아서 공부를 시키는 것이 낫지, 공부하는 아이를 놀게 할 수는 없다고 한다.

물론 아이의 공부 시간을 뺏는다는 생각이 들 수도 있지만 부모와 이야기하며 보내는 시간은 낭비가 아니다. 무의미한 시간이 아니라는 뜻이다. 아이가 책상에 앉아 있다고 해서 내내 공부에 집중하고 있는 것도 아니다. 아이가 사춘기가 될 즈음이면 함께 산책하거나 운동하는 시간을 만들어 무슨 생각을 하면서 지내는지 들을 기회가 필요하다.

아이들과 호주에서 지낼 때, 밤에 한두 시간씩 동네를 걷거나 뛴

적이 있다. 당시 중학교 1학년이었던 한빛이는 나와 동행했다.

"엄마는 네가 필요해. 너처럼 든든한 보디가드가 있어야 안심이 되지."

아이가 귀찮다고 짜증을 내도 나는 늘 아이에게 애교를 부리며 같이 가자고 했다. 물론 그래도 안 되면 표정을 무섭게 바꾼 후 "따라 나와" 한마디만 하면 해결되곤 했다.

억지로 끌려 나와 투정 부리던 아이도 어느새 걷다 보면 기분이 풀렸다. 우리는 함께 걸으며 학교에서 있었던 일이나 친구 이야기, 선생님 이야기, 공부 이야기, 때로는 엉뚱한 이야기까지 가리지 않고 주고받았다. 영화에서 본 재미있는 장면이나 감동적인 이야기를 하기도 하고, 학교에서 어떤 아이가 저지른 재미있는 실수를 이야기하면서 깔깔대기도 했다. 걷다가 지치면 낮은 담장에 걸터앉아 트럭이 열 대 지나갈 때까지 혹은 특정한 브랜드의 차가 열 대 지나갈 때까지 기다리기도 했다. 그렇게 시간을 보내면서 서로 몰랐던 일도 알고 속마음도 나누었다.

아이가 사춘기가 되어 거리감이 생기기 시작하면 어떤 부모들은 무슨 이야기를 해야 할지 모르겠다고 말한다. 아이에게 말을 시켜도 단답형으로만 대답할 뿐, 자기 얘기를 하지 않는데 무슨 대화가 되겠느냐고 한다. 그럴 때는 굳이 아이에게 말을 시킬 필요는 없다. 아이의 이야기를 억지로 끌어내려고 하지 않아도 된다. 부모가 먼저 자신의 이야기를 하면 된다. 오늘은 이런 일로 속이 상했다, 이런 일이 있어서 재미있었다, 엄마가 네 나이일 때는 이런 생각을 했었다 등 실없어 보이는 이야기면 어떤가. 아이들은 듣기 싫은 척하면서도 다 듣는다.

지금도 나는 우리 아이들에게 많은 이야기를 한다. 무슨 이야기든지 다 한다. 집안 경제 문제, 아이의 진로 문제와 이성 문제, 옆집 강아지 이야기, 동네에서 일어난 일, 쇼핑센터에서 있었던 일 등 모든 것이 이야깃거리가 된다. 신문에서 읽은 기사나 감동적인 책 이야기도 한다. 항상 서로 이야기를 하기 때문에 이제는 말투나 표정만 봐도 아이 속마음을 대략은 알 수 있다.

아이와 함께하는 작은 시간들이 모여 아이의 큰 문제를 예방하게 한다. 또 아이와 끊임없이 작은 경험을 공유하면 엄마가 가장 좋은 상담자가 될 수 있다.

누군가를 흉보는 말, 부정적인 이야기는 삼간다

아이와 이야기할 때 하지 말아야 할 말이 있다. 가족 중의 누군가를 흉보는 이야기다. 특히 아버지에 대한 불만이나 불평을 말하면 아이는 은연중에 아버지를 뭔가 문제가 있는 사람, 나쁜 사람으로 인식하게 된다. 가족이 아니더라도 대화 중에 누군가를 폄하하거나 흉을 보면 아이는 한 번도 만난 적 없는 사람에게 편견을 가질 수 있다. 그러므로 아이와 이야기를 할 때 제3자에 대한 부정적인 내용은 주제로 삼지 않는 것이 좋다. 비관적이고 부정적인 이야기는 이야기를 나누는 시간 자체를 부담스럽게 생각할 수 있으므로 자제한다.

대신에 공통적으로 아는 누군가의 특별한 점이나 좋은 점, 고마운 점을 칭찬한다. 이는 아이에게 남을 인정하고 칭찬하는 법을 가르치는 기회도 된다. 또한 되도록이면 즐거운 이야기, 아름다운 이야기, 긍정적인 이야기로 삶에 대한 긍정적인 생각과 꿈을 심어주는 것이 좋다.

저녁을 먹고 40분에서 한 시간만이라도 아이와 단둘이 산책하는 시간을 갖는다면, 아이가 사춘기의 길목에서 만날 수 있는 정신적, 육체적 혼란에서 길을 잃지 않고 자기만의 길을 묵묵히 갈 수 있을 것이다. 또한 아이와 좋은 관계도 자연스럽게 형성된다.

`가족관계`

자녀도 사랑받기 위해
노력해야 한다

'열 손가락 깨물어 안 아픈 손가락 없다'는 말로 부모들은 자식에 대한 편애를 일찍부터 부정해왔다. 그렇지만 나는 생각이 조금 다르다. 열 손가락을 깨물면 다 아프다. 그리고 얼마의 강도로 어떻게 깨무느냐에 따라 아픔의 정도가 다를 수 있다.

자식에 대한 편애도 마찬가지라고 생각한다. 사람이 사람을 사랑하고 아끼는데 어떻게 그 무게와 깊이가 똑같을 수 있겠는가. 아무리 부모 자식 간이라고 해도 차이가 있어야 정상이다.

다만, 다른 형제에 비해 덜 사랑받고 있다고 느끼는 아이가 상처를 받지 않도록 주의해야 한다. 아이들은 부모의 사랑에 민감하다. 부모가 나와 다른 형제들 중 누구를 더 예뻐하는지, 누구를 더 마음에 들어 하는지 늘 알고 싶어 한다. 무의식적으로 부모의 사랑을 저울질

하고 비교하며, 어느 쪽으로 기울어져 있는지에 관심을 갖는다. 형제는 어쩔 수 없이 평생의 경쟁 대상이다.

전문가들은 부모가 자녀를 편애하고 있음을 아이가 눈치채지 못하도록 행동하고, 혹 들켰을 때는 부정하라고 조언한다. 그러나 사랑이란 게 감출 수 없다는 데 문제가 있다. 눈치채지 못하게 하려고 해도 차별받는 아이는 눈치를 채게 되고, 감추려고 해도 편애하는 감정이 자꾸만 밖으로 삐져나온다. 그게 사랑의 약점이고, 사랑이 지닌 한계다. 실제로 부모가 자기보다 형이나 동생, 누나를 더 예뻐하고 사랑하는 것 같아서 속상하고 죽고 싶다고 말하는 사춘기 아이들이 많다.

"엄마는 늘 누나 말만 믿고, 누나가 말하면 의심 없이 받아들여요. 하지만 제 말은 늘 확인을 해요. 누나는 공부를 잘하니까 엄마는 누나만 좋은가 봐요."

"우리 엄마는 늘 오빠만 챙겨요. 오빠가 학원에 다니고 싶다고 하면 두말하지 않고 보내주면서 저는 하고 싶은 일이 있으면 엄마를 설득해야 돼요. 항상 오빠가 모든 일에 우선이에요. 컴퓨터를 바꾸는 이유도 오빠 공부에 필요해서고, 거실에서 텔레비전을 못 보는 이유도 오빠 공부에 방해가 되기 때문이에요. 우리 엄마는 제가 있다는 사실을 잊어버린 것 같아요. 어떤 때는 오빠가 너무 미워서 죽어버렸으면 좋겠다는 생각도 해요."

자신이 다른 형제보다 덜 사랑받고 있어서 화가 난다는 아이에게는 일단 그 마음을 인정해줘야 한다. 그래야 다음 이야기의 진도가 나간다. 무조건 부모의 사랑은 공평하다고만 주장하면 아이들은 마음의 문을 닫아 버린다.

"너는 그렇게 느꼈구나. 혹시 엄마가 너에게 상처를 주었다면 미안해."

이렇게 말하고 나서 함께 생각해보고 바꿀 점은 없는지 대화를 이어나간다. 만약 아이에게 고쳐야 할 점이 있다면 차분히 말해주고 부모 스스로도 불필요하게 상처를 준 점은 없었는지 되돌아본다. 불평만 하고 있기보다는 사랑받을 수 있는 행동을 하는 게 훨씬 더 현명한 일임을 아이가 깨닫게 도와준다.

사회는 어떤 경우에도 똑같이 사랑해주고 대우해주지 않는다. 능력이 다른 사람을 다르게 대우하는 것은 오히려 공평하다. 가족의 일로 돌아와서, 가족이기 때문에 모두 똑같이 사랑받아야 한다고 주장하는 것은 옳지 않다. 자녀도 스스로 노력해야 한다. 더 사랑받기 원하면 부모를 감동시켜야 한다. 그러면서 아이들은 어른이 되어 사회에 나갔을 때 남과 더불어 살아가는 방법을 배우게 된다.

부모에 대한 관심과 배려를 알게 하자

부모는 무조건 자식인 나를 사랑해야 하고, 다른 형제보다 더 많이 사랑해야 한다고 우기는 아이들은 이기적이 되기 쉽다. 어떤 일에서도 양보하려고 하지 않는다. 하지만 자신의 위치에 맞는 책임을 가르치고, 또 부모에게 노력하는 태도를 가지라고 가르치면 아이들은 한 가지를 해도 어떻게 하면 좀 더 엄마 아빠를 기쁘게 할 수 있을까 생각하게 된다.

지인의 한 아들은 부모가 외국 여행을 마치고 돌아올 때면 공항의 입국 시간에 맞춰 따뜻한 커피 한 잔과 물을 사 들고 기다린다. 커피를 좋아하는 엄마가 장시간 비행에서 가장 그리워할 것은 시원한 물과 커피라는 것을 알기 때문이다. 그런 마음과 노력으로 부모를 감동시킨다. 아마도 그 부모는 어릴 때부터 아이가 사랑받는 방법을 자연스럽게 알려주었을 것이고, 아이는 부모의 칭찬 때문에 그런 노력을 멈추지 않았을 것이다.

부모든 아이든 결국 사람을 감동시키는 것은 관심이 깃든 작은 노력이다. 그러한 노력은 가족은 물론 다른 사람에 대한 관심과 사랑까지 깨우치게 한다.

생활습관

바른 말투와 행동은 모든 것의 기본이다

'태도가 전부(Attitude is everything)'라는 말이 있다. 태도가 내용보다 먼저 전달된다는 뜻이다.

"아, 됐어. 몰라. 짜증 나."

"뭘요? 어쩌라고?"

"죄송하다고요. 이제 됐죠?"

요즘 아이들은 친구끼리 쓰는 말과 선생님 또는 부모님께 사용하는 말에 별 차이가 없다. 직접 눈으로 보지 않으면 친구에게 하는 말인지 부모에게 하는 말인지 구분할 수 없을 정도다.

옷은 때와 장소에 맞춰 갈아입으면서 왜 말은 그렇게 하지 못할까? 상대와 상황에 맞는 올바른 말투와 태도는 십대가 꼭 지켜야 할 예의이자 습관이다. 따라서 아이가 친구들과 농담을 주고받을 때의 말투나 동생에게 화낼 때의 말투로 부모에게 말을 한다면 그 자리에서 바로잡도록 한다. 장소와 만나는 사람에 따라 옷을 신경 쓰듯이 상황에 맞는 말투와 태도를 갖추도록 훈련을 시켜야 한다.

호주 연수가 시작되면 선생님들은 아이들에게 영어를 가르치기 전에 기본적인 생활 태도부터 가르친다. 영어를 못해서 생기는 문제보다 기본 매너가 갖춰지지 않아서 발생하는 문제가 훨씬 더 많다는 것을 경험으로 알기 때문이다. 이를 테면 강의실이나 식당에 앉을 때는 오는 순서대로 안쪽부터 앉아야 다른 사람들이 움직이는 데 불편하지 않다, 식사를 할 때는 음식을 씹으면서 돌아다니지 말고 다 삼킨 다음에 자리에서 일어난다, 컵에 물이나 주스를 가져 갈 때는 걸어가면서 흘리지 않도록 70%만 채운다, 식당에서는 머리를 털거나 빗질을 하지 않는다, 음식을 입에 넣고 말을 하다가 다른 사람에게 음식물이 튀지 않도록 조심한다, 음식을 들고 오갈 때 다른 사람을 앞지르거나 새치기하지 말고 순서대로 움직인다, 공공장소에서는 절대로 뛰지 않는다, 아무 데나 침을 뱉지 않는다 등이다.

다 큰 아이들에게 이런 기본적인 생활 태도를 왜 가르치는지 의아할 수도 있다. 그러나 아이들과 한 달 가까이 생활해보면 이런 것조차 몸에 배어 있지 않은 아이들이 너무 많다는 걸 알게 된다.

기본 매너가 몸에 배어 있는 아이와 그렇지 않은 아이에게선 많은 차이점이 발견된다. 행동이나 태도, 말투가 바른 아이들은 차분하고 자신감이 있다. 그래서 영어 실력에 상관없이 외국인이나 다른 사람에게 좋은 인상을 줄 수 있다. 반면, 그렇지 않은 아이들은 평소 익숙하지 않은 바른 말과 행동을 하려다 보니 어딘가 불편해지고, 그런 불편함을 큰 목소리와 거친 행동으로 덮으려고 한다.

실제로 초등학교 6학년이 되어 산만하고 폭력적인 성향을 보이거나 부모를 힘들게 하는 아이들을 만나 보면, 기본적인 생활 태도가 잡혀 있지 않은 경우가 대부분이다. 말투가 거칠고, 다른 사람을 툭툭 치거나 물건을 던지고, 옷을 벗어서 여기저기에 흩뜨리고, 책상과 방도 엉망이다. 그런 행동만으로도 아이는 부모나 다른 친구들과 갈등을 겪을 소지가 다분하다.

작은 변화도 놓치지 않고 칭찬해준다

바른 말투와 태도가 익숙하지 않은 아이들은 유치원생에게 하듯이 아주 작은 것부터 구체적으로 가르쳐야 한다. 처음에는 아이들이 불편해하지만 며칠 지나지 않아 대부분 배운 대로 따라한다. 물론 가끔씩 깜빡 잊고 "아!" 하면서 스스로 바로잡기도 하고, 선생님이 이름을 불러 주의를 주기도 하지만 금방 잘못된 행동을 바로잡는다.

기본적인 생활 태도가 단정해지면 연수 기간 동안 묵는 호텔이나 대학교 기숙사에서도 아이들의 평판이 좋아진다. 선생님들은 아이들에 대한 칭찬을 들으면 꼭 아이들에게 전해준다.

"호텔 매니저가 한국 아이들이 정말 예의 바르고 괜찮다고 칭찬하더라. 다른 아이들은 시끄럽게 떠들고 음식도 가득 담아 먹지도 않고 버렸는데 한국 아이들은 그렇지 않다고 칭찬을 많이 했어."

그러면 아이들은 스스로 점점 더 좋은 방향으로 자신을 바꾸기 위해 노력한다. 운동화를 구겨 신던 아이가 신발을 바르게 신기 시작하고, 옷을 지나치게 짧게 입던 아이가 단정하게 입으려고 한다. 선생님이나 어른을 보면 인사도 바르게 하고 바른 자세로 앉는다. 이것은 바른 태도와 행동, 말투를 가지려고 노력하면서 아이들 스스로 자신이 훨씬 더 괜찮은 사람이 된 것 같은 기분이 들기 때문이다.

무조건 "그렇게 하지 마!", "얌전히 있어", "떠들지 마"가 아니라, 그런 말투나 행동 대신 어떻게 하자고 구체적인 방법을 알려주면 아이들은 훨씬 쉽게 적응한다. 이와 함께 변화된 모습에 대해 틈틈이 칭찬해주면 좋은 태도와 습관이 더욱 빠르게 정착된다.

"너, 걷는 모습이 며칠 전과 많이 달라진 것 모르지? 처음에는 네가 걷고 있는 모습을 보며 '나 지금 기분 나쁘니까 아는 척하지 말고 그냥 지나가줄래'라고 말하는 것 같았는데, 지금은 '나는 자신감 있고 당당한 아이예요'라고 말하는 신사 같아서 멋있어."

아이들이 이런 간지러운 말을 듣기 싫어한다고 생각한다면 그건 어른들의 착각이다. 아이들은 순수한 칭찬 한마디에도 걸음걸이를 점잖게 바꾸고, 풀린 운동화 끈을 바르게 묶는다. 무작정 뛰어다니던 아이도 조용히 걷기 시작한다. 그러고는 "선생님, 저 괜찮죠. 저 멋있죠?" 하며 스스로에 대해 자신감을 갖는다. 그렇기 때문에 아이가 보이는 작은 변화도 놓치지 말고 칭찬해줘야 한다. 이런 칭찬은 아이에게 자신이 바른 방향으로 가고 있다는 믿음과 자신감을 심어준다.

사실 이런 기본적인 생활 훈련은 보통 유치원 때 이루어진다. 유치원 때까지는 아이들이 배운 대로 하려고 노력한다. 신발도 바르게 벗어 현관 쪽을 향해 놓고, 옷과 가방도 제자리에 걸어둔다. 이런 생활 태도가 초등학교 고학년이 되기 전, 즉 3학년 때까지 확실히 몸에 배면 아이를 키우기가 훨씬 수월해진다. 사춘기에 접어 든 아이가 긍정적인 자아 정체성을 형성하는 데도 도움이 된다.

십대의 적지 않은 문제가 부모가 관여하고 해결해줄 수 있는 영역 안에서 시작된다. 그리고 바른 말투와 행동이야말로 모든 것의 기본으로, 사춘기가 지나기 전 부모가 반드시 가르쳐야 하는 습관이다.

`생활습관`
두꺼운 책도 읽을 줄 아는
독서 습관

〈십대들의 쪽지〉는 16페이지 분량의 작은 책자로 25분 정도면 충분히 다 읽을 수 있다. 십대의 집중력이 25분 정도라는 사실에 근거해 처음부터 끝까지 멈추지 않고 읽을 수 있도록 만든 것이다.

세상은 전보다 더 발전했고 아이들도 더 똑똑해진 것 같다. 더 많은 정보를 동시에 받아들이고 처리한다. 그런데 얼마 전 나는 요즘 아이들의 독서 능력에 큰 충격을 받았다. 중학교 3학년 학생들이 〈십대들의 쪽지〉 발송 작업에 자원봉사로 참여했을 때였다. 3시간여의 작업을 마친 아이들에게 〈십대들의 쪽지〉를 한 권씩 나눠주며 읽어 보기를 권했다. 그러자 뜻밖의 대답이 돌아왔다.

"이렇게 긴 것을 어떻게 읽어요?"
"읽어도 무슨 말인지 잘 모르겠어요."

중학교 3학년 학생들이 본인들을 위해 만들어진 열여섯 쪽밖에 안 되는 책 읽기를 두려워하고 귀찮아하고 있었다. SNS를 통해 깨진 단어 몇 개와 이모티콘으로 의사소통을 하는 세대가 보여주는 서글픈 자화상이었다.

아이들은 하루가 다르게 제대로 된 문장을 쓰고 긴 글을 읽는 일에서 멀어지고 있다. 교과서나 참고서 외에 스스로 두꺼운 책을 들고 앉아 사색하며 읽는 십대가 얼마나 될까? 6분의 독서가 사람이 받는 스트레스를 61% 정도 감소시킨다는 영국 대학교의 연구 결과가 있다. 책을 읽을 때 사람은 차분하게 정신을 모으고 마음을 진정하는 힘을 갖게 된다.

독서는 가장 확실한 인생 투자

독서는 아이의 미래를 준비하는 가장 확실한 투자다. 복리이자가 붙는 정기예금이다. 이 사실에 반대 의견을 낼 부모는 없을 것이다. 다만, 아이에게 언제, 어떻게 무슨 책을 읽혀야 할지 모르겠다고 말하는 부모가 많은 것 같다. 아이가 어렸을 때는 동화책도 읽어주고 이런저런 책을 찾아서 읽어보라고 주다가, 아이의 공부가 조금 어려워지고 긴 문장을 소화할 수 있는 시기가 되면 한결같이 시험에 도움이 되는 참고서나 문제집만 집중적으로 사준다. 진정으로 책 읽기가 필요한 시기에 아이를 책으로부터 유배시키는 것이다.

십대 시절 책을 읽으면서 뿌려놓은 상상력의 씨앗은 평생 따 먹을 수 있는 열매를 맺는 큰 나무로 자란다. 나는 그 기회를 빼앗고 있는 것은 학교가 아니라 부모라고 생각한다. 부모는 아이에게 모든 것을 다 경험하게 할 수 없다. 그러므로 제한된 경험의 세계를 뛰어넘을 수 있도록 책을 읽게 해줘야 한다. 책 읽을 시간을 만들어주고, 책을 읽을 수밖에 없는 분위기를 만들어줘야 한다.

만약 무슨 책을 읽혀야 할지 몰라 망설여진다면 국어 교과서에서 쉽게 길을 찾을 수 있다. 국어 교과서에 실린 글들은 전문가들이 그 나이의 아이들에게 필요한 작품들을 엄선한 것이다. 그렇기 때문에 국어 교과서에 나오는 작가들의 다른 책을 권해주면 실패할 확률이 거의 없다. 교과서에 나와 있지 않은 또 다른 작품을 읽으면서 작가를 더 깊이 알게 되면, 교과서를 더 쉽게 생각하게 된다.

역사나 수학, 과학도 교과서를 중심으로 해서 같은 주제를 좀 더 깊이 있게 다룬 책을 권한다. 흔히 책과 친해지게 하려고 쉬운 책부터 권하는데 나는 적당히 어렵고 전문적인 책을 아이에게 권하라고 조언하는 편이다. 수업 시간에 배우고 있는 단원과 관련된 내용이니 한번 읽어보라면서 말이다. 실제로 딱딱한 논픽션을 읽고 토론을 시킨 학생들의 성적이 쉬운 책만 읽힌 학생들에 비해 3년 후 학습 능력이 더 향상되었다는 연구 결과가 있다.

'재미있는 것이 좋은 것'이라고 지레 쉬운 책이나 만화로만 접하는 역사를 배우면 아이들은 이름이나 지명은 알지 몰라도 본질을 꿰

뚫는 사고력이나 통찰력을 배우기는 힘들다. 깊이 있는 독서, 어려운 독서가 핵심이다.

"뭐하러 머리 아프게 책을 읽어요? 인터넷에 다 나오는데······."

책을 읽으라고 하면 이렇게 대답하는 아이들이 많다. 그럴 때는 이렇게 말하면 어떨까.

"인터넷에 있는 요약본이나 다른 사람이 정리해놓은 글은 잊기 쉽고 정확히 네 것이 되기 힘들어. 엄마는 책을 읽는 것이 이 세상에서 가장 싼 값으로 가장 비싼 지혜를 사는 방법이라고 생각해. 돈이나 물건은 시간이 지나면 가치가 떨어질 수 있지만 책에서 얻은 지식은 누구도 빼앗아갈 수 없고 사라지지도 않지. 가장 큰 재산으로 남을 거야. 인생의 저축을 한다는 마음으로 책을 읽어보렴."

책 읽는 아이는 쉽게 흔들리지 않는다

백 마디의 말보다 더 효과적인 것은 부모가 직접 책 읽는 모범을 보이는 것이다. "엄마, 웬일이야. 엄마가 그렇게 두꺼운 책을 읽고 있으니까 이상하다. 드라마를 보고 있는 모습이 훨씬 엄마다워요." 선물 받은 두꺼운 책을 읽는 자신을 보고 딸이 이런 말을 하더라며 친구가 웃으며 말한 적이 있다. 아이들의 눈은 그렇게 무섭다.

온 가족이 저녁을 먹고 나면 텔레비전 대신 한 시간 정도 음악을 틀어놓고 각자 책을 읽는 시간을 만들어보자. 일주일에 3일 정도만 이런 시간을 가져도 아이들은 자연스럽게 책을 가까이 하게 된다. 식탁이나 화장실에 가벼운 내용의 책을 몇 권 놓아두는 것도 자투리 시간을 활용해 독서를 할 수 있는 좋은 방법이다. 가족끼리 그 달에 가장 많은 책을 읽은 사람에게 작은 상품을 주는 이벤트를 열거나, 같은 책을 돌려 읽고 좋았던 부분과 이야기하고 싶은 부분을 함께 나누는 것도 좋다. 같은 책이라도 사람마다 어떻게 다르게 접근하고 받아들이는지 알게 된다.

　나는 책을 많이 읽은 아이가 문제를 일으킨 경우를 본 적이 없다. 고전이나 세계 명작 등을 읽으면서 홀로 눈물 흘리고 가슴 아파하는 아이는 폭력을 행사하거나 남을 괴롭히는 저급한 짜릿함에 물들지 않는다. 아이들은 저마다 채워야 할 감성의 저수지가 있다. 그 저수지에 부모의 경험이나 지혜만으로는 물을 다 채워줄 수 없다. 그럴 때 아이에게 책을 소개하고 책을 읽는 시간을 마련해줌으로써 부모가 채워주지 못한 감성의 저수지가 바닥을 드러내지 않도록 도와주면 된다.

　지금 당장의 시험에는 효과가 없을지 몰라도 책을 많이 읽은 아이는 원하는 시험 결과가 나오지 않아도, 친구들이 왕따를 시켜도 쉽게 자살을 생각하거나 자신을 불행하게 여기지 않는다. 《소공녀》를 읽으며 세라가 겪은 아픔을 공감한 아이는 영원히 계속되는 불행은 없다는 걸 알고 있기 때문이다. 그게 독서의 힘이다. 부모가 가르쳐주지 않아도 아이들은 책 속에서 세상을 살아가는 규칙을 깨닫고, 세상을 움직이는 보이지 않는 손을 알게 된다.

`학교생활`

규칙적으로 생활하고
공부하는 법

호주에 머물 때 유학생 홈스테이를 운영한 적이 있다. 계약 조건은 간단했다. 6개월 단위로 계약을 하되, 몇 가지 생활 규칙이 있었다. 도착한 첫날부터 6개월 동안 매일 정해진 시간까지 공부를 하고, 학교에서 귀가하는 시간은 15분의 오차만 허락하고, 돌아오면 바로 한 시간 낮잠을 자야 한다는 것. 낮잠은 부족한 잠을 보충할 뿐 아니라 학교에서 받은 스트레스를 해소하고 늦은 밤까지 공부할 때 집중력을 높여준다. 조금 엄격해 보이지만 나는 아이가 이 계약 조건만 지키면 원하는 만큼 영어 실력을 향상시켜서 상급학교에 진학하게 해주겠다고 약속했다. 중학교 1학년만 되면 이 시간표대로 공부습관을 만들 수 있다. 그리고 호주에서 생활한 14년 동안 실제로 한 번에 3~17명의 아이들을 그렇게 되도록 도와줬다.

친구들과 패싸움을 일삼고, 하루에 세 갑의 담배를 피우며, 학교 출석률이 3분의 1도 안 되던 남학생이 있었다. 고등학교 1학년 재학 중 부모의 소개로 나를 만났는데 당시에 알파벳도 제대로 알지 못했다. 그 아이는 내가 요구한 생활 규칙에 충실히 따랐고, 한 달 만에 "아빠, 영어가 재미있어요. 공부가 재미있어요"라며 한국으로 전화를 했다. 아이 아빠는 믿을 수가 없다며 호주로 직접 날아왔는데, 한 달 만에 만난 아들은 밤을 새우며 영어 공부를 하고 있었다. 그 아이는 이후 대학원까지 마치고 한국에서 취업해 잘살고 있다.

규칙적인 생활은 규칙적인 공부 시간의 확보를 의미한다. 몇 시간이고 매일 공부하는 시간이 확보되면, 공부하는 양을 아이 스스로 예측할 수 있다. 숙제나 시험공부가 하기 싫고 힘든 것은 도대체 이 공부를 얼마나 해야 하는지 모르기 때문이다. 막연하니까 힘들고 피하고 싶은 것이다. 그러나 '이 숙제는 네 시간이면 끝나겠다' 또는 '어느 정도 하면 정리가 되겠다'는 판단이 들면 차분하게 공부하게 된다. 그렇게 한 번 끝내면 그다음은 공부가 해볼 만한 일이 된다. 초조해하지 않고 꾸준히 하게 되니 공부가 쉽고 즐거워진다.

사람은 마음이 수용하면 몸이 적응하고, 나중에는 몸이 먼저 알아서 움직인다. 몸은 정직해서 주인이 훈련하는 대로 움직인다. 문제는 몸이 아니라 어렵고 힘들다고 투덜대는 '마음'이다. 마음이 투덜대면 몸은 어떻게 움직여야 할지 갈피를 잡을 수 없다.

공부도 마찬가지다. 규칙적인 생활로 마음이 잡히면 몸이 움직여 공부를 하게 된다. 공부도 규칙적으로 하면 쉬워진다는 것을 아이들이 경험해봐야 한다. 하지만 안타깝게도 아이들은 공부는 마지못해 하는 것, 시험이 있어야 하는 것이라고 생각한다.

아이를 규칙적으로 공부하게 만들려면

"오늘은 일찍 자려고?"

"시험도 끝났고 숙제도 없어요."

"그래. 숙제 말고 꼭 해야 할 공부는 없니?"

"있긴 한데. 왜요? 꼭 지금 해야 돼요?"

"너, 그거 아니? 성공한 사람들은 성공한 사람만의 패턴이 있고, 실패한 사람은 실패한 사람만의 패턴이 있다는 거. 엄마가 책에서 봤는데 아주 흥미로워."

"어떤 패턴이요? 난 그런 것 상관없어요. 난 내 방식대로 공부할 거예요."

"그래, 네 방식대로 공부하겠다는 것은 좋은 말이야. 그런데 너의 방식은 어떤 것을 말할까? 혹시 숙제가 밀리면 늦게까지 숙제를 하고, 시험이 있으면 밤을 새워 준비를 하다가 시험이 끝나면 며칠 동안 방전되어 있는 것을 말하는 거니?"

"그래도 아예 안 하는 애들보다 낫잖아요. 그런 애들도 많아요."

"그래, 엄마도 어쨌든 네가 늦게까지 숙제하고 시험 때는 밤을 새워 보충하는 모습을 보면 대견하기도 하고 안쓰럽기도 해. 하지만 좀 더 규칙적으로 공부하고 쉬는 패턴을 만든다면 지금보다 적은 노력으로 더 좋은 결과를 얻을 수 있을 텐데 그렇지 못해서 안타까워."

"규칙에 매여 사는 것은 너무 재미없어요. 지겨워."

"하지만 중요한 일에 규칙이 없으면 결국 쉽고 재미있지만 중요하지 않은 일에 너의 귀한 시간을 빼앗길 수 있어. 그래서 네가 매번 시험 전날 무리하게 되는 거고. 규칙적으로 공부를 하면 공부에 대한 불필요한 두려움도 없앨 수 있어. 공부가 두려우면 지게 되어 있거든."

"내가 알아서 할게요. 자기 주도 학습으로 말이에요."

"주도적인 자율학습이란 네 시간을 네가 주도해서 공부에 배분한다는 것이 아닐까?"

"알았어요. 주말에 계획표를 만들어볼게요."

"그래. 네가 먼저 만들면 엄마랑 같이 노는 시간, 게임하는 시간, 운동하는 시간도 넣어보자."

물론 규칙적으로 공부하는 습관을 권할 때 이를 거부하는 아이들에게도 나름의 이유가 있다.

"그런 식의 공부는 내 스타일이 아니에요. 나는 자유롭게 돌아다니면서 공부해야 더 잘돼요."

"날마다 꾸준히 하지 않아도 필요한 순간이 오면 한꺼번에 다 몰아서 할 수 있어요."

하지만 그렇게 해서는 날마다 꾸준히 공부하는 아이들을 이기기 힘들다. 그런 말들은 공부습관을 들이기 싫은 아이들의 변명일 뿐이다.

공부는 습관이다. 날마다 일정한 시간, 일정한 장소에서 규칙적으로 공부하는 일이 자연스럽게 습관으로 자리 잡도록 해야 한다. 그렇다고 하루 종일 공부만 하도록 생활계획표를 짜는 부모는 없기를 바란다. 정해진 공부 시간이 끝나면 한두 시간 정도는 아이가 하고 싶은 것을 할 수 있도록 한다.

'토마토 공부법'이라 하여 25분 공부하고 5분간 휴식한 후에 다시 25분 공부하다가 네 번째 휴식은 20분으로 긴 휴식을 취하게 하는 앱이 있다. 스마트폰에 이 앱을 깔아두고 아이가 하루에 토마토를 몇 개 따는지 기록하면서 25분만 집중하게 하면 의외로 공부 효과가 좋다. 날마다 수확한 토마토를 노트에 그리면서 토마토 한 바구니를 수확할 때마다 아이가 원하는 것을 해주는 규칙을 정하면 별말 없이도 공부에 집중하는 효과를 얻을 수 있다. 다만, 규칙은 사람을 움직이지만 규칙만 강요하면 어느 순간 "다 싫어!" 하면서 아이가 튕겨 나갈 수 있다. 이런 이유로 규칙을 지켜 얻게 되는 이득과 함께 규칙을 잘 지켜준 것에 대한 고마움을 늘 칭찬해줘야 한다. 결국 몸을 움직이는 것은 사람의 마음이다.

정해진 공부 시간의 규칙에 대해서는 예외를 두지 않지만, 다른 일에 대해서는 양보하고 진심으로 관심을 기울이고 있다는 것을 알게 한다. 시간이 날 때마다 아이와 관심 분야에서 성공한 사람들의 이야기도 나누고, 좋아하는 영화도 함께 보고, 책도 함께 읽으면서 아이의 마음을 보듬어준다.

아이가 규칙적으로 공부하기를 원한다면 부모 역시 기본적으로는 아이에게 맞춰 생활을 하는 것이 좋다. 나는 밤이면 아이들 공부가 끝날 때까지 같은 공간에서 공부하곤 했다. 공부할 거리가 없으면 책이라도 읽었다. 아이들만 방에서 공부하라고 하는 경우는 거의 없었다. 부모가 자러 들어가면서 또는 텔레비전을 보고 있으면서 '열심히 공부하고 자라'는 말은 '너도 자라'는 말이거나 '너도 텔레비전 보면서 놀라'는 소리밖에 되지 않기 때문이다.

암기 공부는 공부 근성을 키워준다

공부에서 규칙적인 시간과 함께 중요한 것이 바로 '근성'이다. 우리는 일류대를 가려면 좋은 머리와 창의력 등이 중요하다고 말한다. 그리고 그런 것은 단순하고 지루하게 반복되는 암기나 지식을 통해서가 아니라 뭔가 더 극적이고 자유롭고 일탈된 환경에서 얻어지는 것이라고 믿는다. 매일매일 몇 시간이고 책상에 앉아 지식을 배우고 뭔가를 꾸역꾸역 암기하는 모습이 아니라, 재기발랄함을 마음껏 뽐낼 수 있는 시간 속에서 탄생하는 것이라고 생각한다.

그러나 진득하게 앉아서 집중하고 지식을 익히는 훈련은 실력자가 되기 위해 밟아야 할 첫 계단이다. 단순하게 반복되는 일을 꾸준히 해내고 견디는 힘이 곧 실력이다. 흔히 공부는 머리가 아닌 엉덩이로 한다고 한다. 그만큼 집중해서 물고 늘어지는 근성이 실력에 직접적인 영향을 준다는 뜻이다. 교사로서의 내 경험을 돌이켜봐도 그렇다. 평균 이상의 높은 아이큐를 가지고 보통의 성적도 못 내는 아이와 보통의 머리로 탁월한 성적을 내는 아이를 가르는 기준은 근성이다. 서두르지 않고 정직하게 주어진 공부를 하는 우직한 아이들이 결국 공부에서 승리한다.

교육 현장에서 암기력이 창의적인 교육을 망치는 원인처럼 이야기되는 것은 안타까운 일이다. 기본적인 공식이나 영어 단어, 주요 개념들을 암기하지 않고는 더 깊은 사고의 체계로 나갈 수가 없다. 모든 학문은 그 학문 영역에서만 사용되는 2,000여 개의 전문 용어가 있다. 이런 전문 용어에 대한 이해와 암기 없이는 높은 실력을 가질 수 없다. 옛날 우리 선조들이 '독서백편의자현(讀書百遍義自見)'이라고 했던 말은 사실이다. 백 번이고 반복해서 읽다 보면 암기하게 되고, 암기가 되는 순간 어느 틈엔가 막연했던 개념이 확실하게 머릿속에 자리 잡는다.

악보를 한 번 읽고 나서 눈감고 피아노 앞에 앉았더니 저절로 손가락이 움직여 연주를 하더라는 피아니스트는 없다. 날마다 피아노 의자에 몸을 묶어두고 음표가 달걀만큼 크게 보일 때까지 보고 또 보고, 뜻대로 움직여주지 않는 손가락을 잘라버리고 싶을 만큼 절망하면서도 반복해서 연습한 결과로 그와 같은 연주를 하는 것이다.

공부가 되었든 연주가 되었든, 반복되는 단순한 일을 몇 시간이고 참아낼 수 있는 인내의 시간을 통해 진정한 실력이 만들어진다. 인생의 많은 기회가 내 것이 된다.

`학교생활`
자유롭게 말하고
질문하는 습관

미국 대학교에서 한 남학생이 1학년 첫 강의 때 질문을 했다. 그런데 그 질문은 대학생이라면 당연히 알고 있어야 할 아주 기초적인 수준의 것이었다. 처음에는 성실하게 대답하던 교수도 질문이 계속되자 점점 이 남학생의 질문을 귀찮아하기 시작했다. 그래도 학생은 지치지 않고 질문을 계속했다. 2학년이 되어서도 그치지 않았다. 온 대학교에 소문이 자자했다. 교수들은 캠퍼스에서 그 남학생을 보면 가던 길도 되돌아갈 정도였다.

그런데 이 남학생이 4학년이 되자 그의 질문은 더 이상 유치한 수준이 아니었다. 이제는 어느 교수라도 질문을 기꺼이 받아주었다. 그의 수준이 교수들과 심도 있게 토론을 할 수 있을 정도로 크게 성장했기 때문이다. 모르는 것을 부끄러워하지 않고 끊임없이 질문을 하던 그 남학생은 결국 다른 학생들보다 높은 성적으로 대학교를 졸업했다.

우리는 어려서부터 어른 말에는 무조건 토를 달지 않고 그대로 받아들여야 한다고 배웠다. 그래서 묻고 싶은 것이 있어도 묻지 않고 저절로 알게 될 때까지 참거나 저절로 질문이 사라질 때까지 기다리는 것에 익숙하다. 심지어 질문하는 것이 때때로 건방지게 보이거나 잘난 척하는 것으로 비춰지기도 한다.

질문에만 익숙하지 않은 게 아니라 어떤 문제에 나의 의견과 생각을 표현하는 것에도 서툴다. 그래서 어쩌다 '너의 생각은 어떠냐?'는 질문을 받으면 당황하기 쉽다. 나를 포함해 호주에서 공부하는 한국 유학생들이 가장 어려워하는 문제도 의견을 묻는 교수의 질문이었다.

"What is your opinion?"

호주의 대학 강의실에서는 항상 이처럼 네 생각은 어떠냐고 묻는다. 아무리 엉뚱한 대답을 해도 절대 나무라거나 비웃지 않는다. 이런 과정을 통해 사람마다 생각이 다르고 정해진 답이 없다는 것을 배우게 된다. 실제로 각각의 의견에 확실한 근거가 있으면 전혀 다른 두 개의 답이 똑같은 점수를 받기도 한다. 한국 유학생들은 호주의 이런 교육 시스템에 익숙해지는 데 꽤 오랜 시간이 걸린다.

무엇을 묻든 아이의 질문을 격려하자

어려서부터 궁금한 게 있으면 주저 없이 묻고, 어떤 일에든 자신의 의견을 당당하게 말하도록 가르치는 일은 중요하다. 질문이 자신의 무지를 드러내는 부끄러운 일이 아니라 어떤 사물이나 현상에 지적 호기심을 나타내는 방법이라는 것을 배우게 되면 아이들은 일부러 질문을 만들어 한다. 그러면 아이의 질문이 다소 억지스럽더라도 칭찬을 하고 진지하게 답을 해줘야 한다. 어쨌든 아이들이 스스로 질문을 하게 되었다는 것은 대단한 학문적 진보이기 때문이다.

만약 아이가 질문하길 꺼린다면 부모가 "이 문제에 대해 넌 어떻게 생각하니?"라고 아이의 의견을 물으면서 훈련시킬 수 있다. 아이가 언제든지 자유롭게 자신의 생각을 말할 수 있게 부모가 이끄는 것이다. 이때 아이의 답이 부모가 생각하는 답과 다르다고 해서 바로 틀렸다고 말하지 않는다. 부모의 기대에 미치지 못하고 엉뚱하다고 해도 그 대답을 통해 아이의 생각을 들여다볼 수 있고, 그것만으로도 큰 수확이다.

알고 싶은 사실을 아이에게 인터넷에서 찾아달라고 부탁하는 방법도 있다.

"엄마가 갑자기 태극기의 역사와 유래가 궁금해졌어. 어떻게 변해왔는지 찾아보고 설명 좀 해줄래?"

이런 의도된 질문으로도 아이의 궁금증을 끌어낼 수 있고 질문에 동참하도록 유도할 수 있다.

절대 삼가야 할 부모의 질문

아이와 대화를 한답시고 묻는 질문 중 가장 나쁜 것은 부모의 유식함을 드러내고 아이의 무지를 드러냄으로써 아이의 자존심을 상하게 하는 질문이다. 중학교 1학년 아들은 차에 앉아 있다가 갑자기 아버지의 질문을 받았다.

"레스토랑 스펠링이 뭐야?"

"그게 R……."

"Restaurant이잖아. 넌 중학생이 그것도 몰라? 영어 안 한 지 수십 년 된 나도 아는데. 그러니 내 얼굴에 주름이 늘 수밖에. 그럼, 주름살은 영어로 뭐야?"

아이는 말없이 고개를 숙이고, 아버지는 의기양양하게 '주름살'의 스펠링을 말한다.

"이런 단어도 기억하는 거 보면 나도 참 머리가 좋아. 내가 공부만 제대로 했으면……."

우연히 차에 동승했다가 부자간의 대화를 듣게 된 나는 참으로 난감했다. 다른 사람 앞에서 무참하게 짓밟혀버린 아들의 자존심과 마음의 상처를 그 아버지는 어떻게 치료해줄 수 있을까. 이 광경을 목격한 것은 벌써 20년도 넘었지만 아직도 기억이 생생하다. 그 아버지는 매사 끊임없이 아이를 무시했고, 아들은 그럴수록 아버지와 거리를 두었다. 결국 아들은 결혼할 때까지도 아버지와 화해하지 못했다.

부모의 질문에 답하기 위해 말을 고르는 과정에서 혹은 생각한

바를 말하는 과정에서 아이가 말을 더듬거린다고 해서 채근하거나 설명이 불확실하다고 핀잔을 주는 것은 좋지 않다.

"와, 너는 그렇게 생각하는구나. 엄마는 그런 생각을 못했는데. 정말 기발한데?"

"아빠가 생각한 것과 다르네. 역시 생각은 사람마다 다른 거야. 그런 생각도 좋아."

이런 말들은 아이 마음에 좋은 씨앗으로 뿌려져 생각의 싹을 틔운다. 아이가 대답을 했을 때 "그렇구나. 넌 그렇게 생각하는구나"라고 호응한 다음 "참 기발하다", "참 다르네", "참 특별하구나"라고 칭찬해주면 아이는 자신의 생각이 특별하다는 인식을 갖게 되고, 자유롭게 말할 수 있다.

아이에게 질문을 하는 것은 생각을 말하는 훈련을 시키기 위해서이지 정답을 가르치기 위해서가 아니다. 문제는 있어도 답은 없는 것이 인생이다. 아니, 사람마다 모두 다른 답을 가지고 사는 것이 인생이다. 자유롭게 의견을 말하고 질문할 수 있게 된 아이는 사람들이 서로 다른 의견을 가질 수 있다는 사실을 저절로 알게 된다. 그래서 자신과 다르다고 다른 사람을 무조건 배척하지 않는다.

`학교생활`
성적이 오르지 않는다고
쉽게 포기하지 않기

"중간고사에서 성적 오르면 스마트폰 사줄게."

엄마와의 약속을 지킨 아이는 스마트폰을 선물로 받았다. 아이는 집에는 컴퓨터도 없고 와이파이도 잡히지 않기 때문에 밤마다 스마트폰을 들고 독서실로 갔다. 새벽 2시까지 독서실에서 공부하고 돌아오는 아이를 기특하게 지켜보던 부모는 성적이 뚝 떨어진 기말고사 성적표를 받고 의아했다. 날마다 밤늦게까지 공부하던 아이에게는 무슨 일이 생긴 걸까?

"애들이 보낸 문자에 답해주는 게 전부라니까. 그러면 엄마는 내가 공부한다고 친구들 문자를 씹어서 학교에서 왕따가 되길 바라는 거야? 문자를 하면서도 할 건 다 해. 맨날 새벽 2시까지 앉아서 공부하잖아."

스마트폰이 떨어진 성적의 원인이라고 생각한 엄마가 문제를 제기하자 아이는 절대 아니라고 항변했다. 스마트폰은 절대 공부를 방해하지 않는다는 것이다. 하지만 역시 원인은 스마트폰이었다. 친구들과 수없이 문자를 하면서 새어나가는 시간과 정신, 집중력이 성적을 세자리에 붙들고 있었다. 그러니 그다음 순서는 뻔하다.

'난 열심히 노력해도 안 되나 봐. 진짜 공부하기 싫다. 학교도 가기 싫다.'

아이는 어느 순간 공부에서 손을 놔버린다. 좀 더 나아가면 '왜 이런 공부를 해야 하는지 모르겠어. 차라리 학교 그만두고 하고 싶은 일이나 하면서 살래'라고 생각하게 된다. 아이가 이렇게 나오면 많은 부모가 이렇게 저렇게 설득해보다가 결국 공부에 대한 논쟁과 신경전을 접는다. 그러나 이런 삐뚤어진 말을 해도 아이의 속마음에는 사실 오르지 않는 성적에 대한 걱정이 가득하다.

이 아이가 배워야 할 것은 쉬운 포기가 아니라 제대로 노력하는 방법이다. 성적이 오르길 원한다면 몇 가지를 바꿔야 한다. 오는 문자에 바로 답을 하고, 친구의 페이스북에 제때 '좋아요'를 누르고, 이야깃거리가 되는 텔레비전 프로그램까지 꼬박꼬박 챙겨 보는 사람은 절대 원하는 성적을 얻을 수 없다. 성적을 올리고 싶다면 친구들에게 '문자를 씹었다'는 눈치 정도는 받을 각오가 되어 있어야 하고, 공부할 때만큼은 스마트폰을 꺼야 한다. 그런 노력과 대가를 치르지 않고서는 성적을 올릴 수 없다. 다른 사람을 이길 수 없다. 아이는 스스로 노력하는 모습에 자부심을 가져야 한다.

　학교에서 돌아오면 교복도 벗지 않고 그날 해야 할 숙제와 공부를 끝낼 때까지 의자에 자신을 묶어놓던 남학생이 있었다. 물론 그렇다고 해서 그 학생이 1등을 하는 것은 아니었다. 하지만 그 학생의 노력하는 마음과 자신을 훈련하는 태도는 1등보다 더 값지다. 등수와 성적도 중요하지만 그 학생은 책임과 태도 면에서 이미 1등 이상의 실력을 갖췄다.

　자신이 할 수 있는 최고의 노력을 하는 사람은 결과에 상관없이 자신에게 당당할 수 있고, 주위 사람들에게 감동을 준다. 또 그런 학생은 언젠가는 1등을 하기도 한다.

1등의 마음으로 노력하게 하라

구글의 에릭 슈미트 회장이 서울 포스코센터를 찾았다가 그곳에서 우연히 본 글귀를 SNS에 올려 화제가 된 적이 있다.

　'이기는 것이 전부는 아니지만 이기기를 원하는 것은 중요하다 (Winning isn't everything, but wanting to win is).'

　이기기를 원하는 사람, 1등을 원하는 사람은 공부를 할 때도 승리를 꿈꾸는 사람의 마음자세로 노력한다. 생각과 행동, 모든 관심을 이기는 쪽으로 기울인다. 성공 후의 모습을 상상하면서 원하는 결과를 얻으려고 노력한다. 그리고 그런 자신의 모습에 자부심을 갖는다.

이해하기도 어렵고 풀기도 어려운 문제가 나왔을 때 "공부는 내 취향이 아니야"라고 말하는 사람은 그 문제를 건너뛰거나 적당히 무시하고 지나가지만, 이기기를 원하는 사람은 문제를 꼼꼼히 읽고 어떻게든 이해하려고 노력한다. 한 문제도 그냥 지나쳐서는 안 된다는 마음이 있기 때문이다. 이기기를 원하는 사람은 이처럼 승리자의 마음으로 노력한다. 그래서 이기는 것이 전부는 아니지만 이기기를 원하는 것은 언제나 중요하다.

친구관계
누군가에게
좋은 친구가 되어주기

10년 전만 해도 〈십대들의 쪽지〉로 날아오는 친구 고민은 단순했다.

'친구하고 다퉜는데 어떻게 화해해야 할지 모르겠어요.'

'마음을 터놓을 친구가 없어서 외로워요.'

'친구가 어려운데 어떻게 도와줘야 할지 모르겠어요.'

그러나 지금은 친구를 흉보거나 친구에게 괴롭힘을 당하고 있다는 내용이 대부분이다.

요즘 아이들은 마음을 터놓을 수 있는 진짜 친구는 바라지도 않는다. 그저 외로움을 덜기 위해 SNS 상에서 몇 마디 주고받으면서 또래의 문자 놀이에서 따돌림만 당하지 않기를 바랄 뿐이다. 어느새 친구가 자신을 괴롭히는 대상이거나 자신이 괴롭힐 수 있는 대상이 되어버린 것이다.

어쩌다 이런 상황까지 오게 되었을까? 부모들이 아이 성적을 올리는 방법이나 진학 정보를 모으고 분석하는 데만 신경을 썼지, 아이에게 인간관계나 친구 사이에 벌어진 문제를 푸는 방법을 가르치는 데는 소홀했기 때문은 아닐까.

"쟤는 반에서 몇 등 하니? 공부는 잘해?"

"너는 왜 저런 애하고 어울려 다니니? 맘에 안 드니까 놀지 마."

"너보다 공부도 못하고 특별히 잘하는 것도 없는 애하고만 다니면 발전이 없어. 너보다 뭐 하나라도 잘하는 애랑 다녀야 얻는 게 있지."

"저 애 집은 어디니? 왜 애가 저렇게 꾀죄죄해?"

"저런 애는 자기 필요할 때만 친구들한테 잘 해주고 기분 나쁘면 모른 척하잖아. 나쁜 친구한테 괜히 이용당하지 말고 조심해."

부모가 아이 친구를 판단하고 쉽게 하는 말들이다.

그러나 '놀지 마' 또는 '나쁜 친구'라는 말은 아이에게 아무런 영향도 주지 못한다. 왜냐하면 아이들에게는 나쁜 친구란 개념 자체가 없기 때문이다. 부모님이나 선생님이 아무리 조심하고 나쁜 친구와 어울리지 말라고 해도 아이들은 자신이 좋아하면 그 친구가 결코 나쁘다고 생각하지 않는다. 오히려 부모님에게 거짓말을 하면서 같이 어울려 다닌다. 친구는 서로 닮아가니까 혹시 내 아이가 그 아이의 나쁜 점을 닮을까 봐 신경이 쓰이는 것은 당연하다. 하지만 그렇다고 해서 무조건 어울리지 말라고 하는 것은 어른의 이기적인 판단에 지나지 않는다. 또한 아이에게 다른 사람에 대한 적대적인 감정을 불필요하게 심어서 역효과를 낼 수 있다.

좋은 친구가 되어줄 때 좋은 친구를 만난다

하얀 천은 다른 색깔 천과 섞어 빨면 쉽게 물이 들지만, 쉽게 물들지 않는 천도 있다. 아이의 친구 문제도 마찬가지다. 아이와 어울려 다니는 친구가 누구인가도 중요하지만, 누구와 친구가 되어도 건강하게 자신을 지킬 수 있는 사람으로 성장하고 있는가, 좋은 친구가 되어주고 있는가를 살피는 것도 중요하다.

"우리 애는 참 착하고 공부도 잘했는데, 중학생이 되더니 나쁜 친구들을 만나서 갑자기 변했어요."

문제를 일으킨 자녀를 둔 부모가 흔히 하는 말이다. 기본적으로 부모는 내 아이가 누군가의 나쁜 친구가 될 수 있다고는 생각하지 않는다. 그래서 좋은 친구를 사귀라는 말은 해도 '네가 누군가에게 안 좋은 기회를 주는 나쁜 친구가 되지 말고, 좋은 기회를 주는 친구가 돼라'는 말은 하지 않는다.

만약 내 아이가 다소 걱정스러운 친구와 어울린다면 그 친구와 어울리지 말라는 말보다 "네가 그 친구에게 좋은 기회를 주는 좋은 친구가 되면 좋겠다"라고 말하는 게 아이를 움직이는 데 더 효과적이다. 아이들은 부모가 내 친구를 마음에 들어 하지 않으면 나도 마음에 들어 하지 않는다고 생각한다. 아이가 담배 피우는 친구를 말할 때 무조건 "그런 애 가까이 하지 마. 물들어"라고 말하기보다는 "그 아이에게 좋은 친구가 되어줘. 너와 있을 때는 그 아이가 담배를 덜 피우거나, 아예 피우지 않게 된다면 넌 그 아이의 좋은 친구가 되는 거야. 좋은 친구는 좋은 기회를 만들어주는 사람이니까"라고 말하는 게 좋다. 물론 이렇게 되려면 내 아이부터 강하게 키워놓아야 한다. 나쁜 기회를 만나도 단호하게 거부할 수 있고, 건강하게 자신을 지킬 줄 알아야 가능하다.

성적에 민감할 수밖에 없는 대한민국 부모들은 아이에게 "공부 잘하는 아이와 친하게 지내. 그래야 경쟁심이 생겨서 성적도 오르고 뭐 하나라도 배우지"라고 말한다. 그렇다면 이 말을 거꾸로 해보자. 과연 자신의 아이는 누구와 친구가 될 수 있다는 말인가?

친구가 경쟁이나 비교의 대상이 되면 더 이상 친구가 아니라 불편한 경쟁자일 뿐이다. 친구는 같은 방향을 보고 걸으며 서로의 비밀이나 관심사에 대해 말해도 안심하고 나의 생각을 털어놓을 수 있는 대상이다. 있는 그대로의 나를 보여줘도 편안한 대상이 바로 친구다. 아이의 소중한 친구를 부모의 욕심 때문에 이겨야 할 경쟁자로 만들면 아이에게는 마음을 내려놓을 편한 사람이 그만큼 없어지는 것이다.

친구관계
이성 교제는 가능한 한 미루는 게 좋다

한 엄마가 중학교 2학년 딸에게 같은 반 남학생과 사귀기로 하고 반지를 주고받았다는 이야기를 듣고, "이성 친구로 지내는 것은 괜찮지만 스킨십은 하지 마!"라는 말로 걱정스런 마음을 대신했다고 한다. 하지만 이 엄마는 모르고 있었다. 이성 교제를 선언하기 전, 이미 딸은 그 남학생과 친구로서 팔짱도 끼고 가벼운 키스 정도의 스킨십을 하고 있었다는 걸 말이다. 그것이 요즘 아이들의 현실이다.

부모 세대가 생각하는 이성 교제와 요즘 아이들의 이성 교제는 그 개념부터 다르다. 중학교 1학년 남학생이 여자 친구가 생겼다는 친구에게 하는 말이 이렇다.

"열흘이나 됐는데 키스도 못 해봤어?"

자녀의 이성 교제에 비교적 너그러운 태도를 가진 부모라고 해도 현장에서 아이들이 이성 친구와 어떤 말과 행동을 주고받는지 알게 된다면 결코 자녀의 이성 교제를 허락하고 싶지 않을 것이다.

십대의 이성 교제는 성적인 충동이나 경험으로 이어질 수 있는 시한폭탄의 발파 버튼과 같다. 터지는 것은 시간문제다. 내가 십대의 이성 교제에 항상 반대표를 던지는 것도 이런 이유에서다. 좋아하는 이성과 있어도 성적인 충동을 절제할 수 있고 통제할 수 있다고 장담하는 아이일수록 더 위험하다. 성 충동을 자제할 수 있는 십대란 없다.

이성 교제 중인 아이에게 꼭 해줘야 할 말

자녀가 아직 이성 교제를 시작하지 않았다면 이성 교제는 되도록 미루라고 조언해주는 것이 좋다. 평소 부모가 이성 교제에 무조건 반대하는 태도를 보이면 이성 친구가 생겨도 숨기게 된다. 부모의 지나친 반대와 호통은 오히려 아이를 음지로 내몰 수 있으니 주의한다.

만약 이성 교제를 하겠다고 하면 부모로서 걱정되는 부분을 처음부터 확실하게 이야기해준다. 자녀의 이성 교제를 바라보는 부모의 걱정은 크게 두 가지다. 첫째는 스킨십으로 연결된 성 충동을 어떻게 자제할 것인가, 둘째는 이성 친구 때문에 공부에 집중하지 못해서 성적이 떨어지면 어떻게 할 것인가. 따라서 딸아이가 이성 친구를 사귀게 되었다고 말하면 이 두 가지에 대해 미리 말해주자.

"너에게 특별하게 느끼는 이성 친구가 생겼다는 것은 축하할 일이야. 네가 그 친구에게 느끼는 감정은 아름답고 소중한 것이거든. 특히 너처럼 십대일 때는 그 감정에 어떤 계산도 들어가지 않기 때문에 더 순수하고 아름답지. 그런데 순수하다는 것은 그만큼 쉽게 상처를 받을 수도 있다는 뜻이야. 네가 순수하고 간절하다고 해서 네 친구까지 너만큼 순수하고 간절한 마음을 가졌을지는 모르는 일이거든. 그건 사람마다 다르단다. 그 감정을 표현하는 방법도 다르고 수용하는 방법도 다르지. 그래서 네가 원하지 않은 순간에 마음의 상처를 받을 수도 있고, 그 친구 때문에 전혀 생각지도 못한 가슴앓이를 할 수도 있어. 기쁜 순간도 많겠지만 이유 없이 불안하고 짜증 나고 지루한 순간도 올 거야. 감정의 회오리가 갑자기 거세졌다가 어느 순간 바람처럼 사라져서 너 스스로도 혼란스러울 수 있어. 너나 그 친구가 뭘 잘못해서 그런 건 아니야. 그저 지금까지 경험하지 못한 격한 감정의 변화가 생길 수 있다는 뜻이야.

좋아하는 마음과 함께 스킨십도 하고 싶을 거야. 넌 준비가 되어 있지 않은데 네 친구는 너를 안고 싶어 하거나 손을 잡고 싶어 하거나 키스를 하고 싶어 할 수도 있어. 그래서 네가 거절하거나 멈칫했을 때 너에게 상처 주는 말을 하고 떠날 수도 있어. 너를 의심하는 말을 해서 너를 혼란스럽게 만들 수도 있고. 엄마는 그런 순간이 와도 네가 너무 당황하지 않고 현명하게 대처해줬으면 해. 또 그렇게 혼란스러울 때 친구보다는 엄마에게 먼저 너의 마음을 이야기해줬으면 좋겠어."

이 정도의 설명을 해주면 아이는 나중에 필요할 때 망설이더라도 엄마에게 도움을 요청할 수 있다. 중요한 것은 반드시 대화의 창구를 열어둬야 한다는 점이다. 더불어 십대에는 이성 교제보다 먼저 해야 할 일이 있고, 그것은 미래를 위한 공부와 좋은 친구와 우정을 나누는 것이라는 점도 이야기해준다.

무조건 반대하는 것은 역효과를 낳는다

자녀가 이성 교제를 하고 있다는 사실을 알면 무조건 반대부터 하는 부모가 있다. 이성 교제는 말도 안 된다, 네가 뭘 안다고 이성 교제냐고 따지면서 상대 아이를 탓하는 말을 서슴지 않는다. 자식에 대한 자부심과 기대가 클수록 이런 실수를 저지르기 쉽다.

부모의 이런 반응을 눈으로 본 아이는 어떻게 할까? 겉으로는 이성 교제를 그만둔 것처럼 보일 수 있지만, 부모가 반대한다고 애써 사귄 이성 친구와 헤어지는 십대는 없다.

"우리 엄마가 너랑 만나지 말고 공부나 하래. 나중에 대학 가고 어른 되어서 만나라고."

부모는 아이가 상대 아이에게 이렇게 말하면서 이별을 선언해주리라 기대하겠지만 아이들은 정반대로 움직인다.

"당분간은 우리 조심해야 될 것 같아. 엄마가 아셨어. 얼마나 난리인지 몰라. 엄마한테는 안 만나겠다고 했으니까 이제부터 들키지 않게 신경 써야 돼."

자녀가 이성 교제를 하고 있다면 어떻게 사귀고 있는지 관심을 갖고 물어보는 여유를 갖는 것이 좋다. 어디를 갔는지, 무슨 이야기를 하는지, 선물은 무엇을 했는지, 왜 그걸 선택했는지, 스킨십은 어느 정도까지 하는지 등등. 부모는 아이들의 스킨십이 부자연스럽게 느껴지겠지만, 본인들은 자연스럽게 생각하므로 무조건 스킨십을 부정적으로 말하지 말고, 스킨십의 한계와 남녀의 서로 다른 성 충동, 그리고 원하지 않은 임신까지 갈 수 있다는 사실을 반드시 말해준다. 특히 남자아이에게는 자제하지 못한 성 충동으로 발생할 수 있는 여러 가지 일들에 대해 정확히 알려줘야 한다.

"너도 누군가를 향해 사랑의 감정을 느낄 수 있어. 잘해주고 싶고 함께 있고 싶고, 어디를 가든 무엇을 먹든 계속 생각나기도 하지. 스킨십도 하고 싶을 거야. 그런데 너는 그 아이와의 스킨십에 책임을 질 수 있니? 책임을 진다면 어디까지 책임질 수 있을 것 같니? 그 책임을 위해 무엇을 희생할 수 있을 것 같니?"

아이에게 이성 친구와 주고받는 스킨십에는 어떤 책임이 뒤따를 수 있는지 가르쳐준다. "우린 그냥 좋아하면 안 돼? 좋아하는 그대로 인정해주면 안 돼?"라고 묻는 아이에게는 사람의 감정이란 것이 얼마나 쉽게 변하며, 쉽게 무너질 수 있는지에 대해서도 이야기해준다. 이성 친구의 변심에 상처받을 수 있고, 자신도 모르게 그 친구가 그냥 싫어질 수 있다는 것도 말해준다. 또한 두 사람 사이에서 감정이

엉키거나 생각이 다른 문제가 생겨서 마음이 상할 때는 친구들보다는 반드시 엄마와 먼저 이야기를 했으면 좋겠다고 말한다. 친구들은 그런 문제에 공감해줄 수는 있지만 해결하는 데는 도움을 줄 수 없는 경우가 많다는 점도 미리 알려준다.

부모들은 십대 시절 이성에 대한 호기심은 본능적이고 자연스러운 것이라고 말하면서 책임을 가르치는 것에는 소홀하거나 종종 잊어버린다. 본능적이고 자연스러운 것일수록 상식을 벗어나지 않으면서 다른 사람에게 피해가 가지 않도록 절제하는 훈련이 필요하다.

사춘기 아이와 꼭 나눠야 할 '성(性)' 이야기

아이들의 성에 대한 관심이 '한때 지나가는 호기심'으로 그치지 않는 데는 성을 매개로 한 인터넷 정보와 동영상이 주변에 넘쳐나기 때문이다. 글이나 말로 아는 것과 눈으로 보는 것은 자극과 기억에서 다르다. 그 정보가 자극적일 때는 더욱 그렇다. 한 번 동영상의 짜릿함을 맛본 아이들은 더 세고 강렬한 영상을 찾게 되고, 현실 속에서도 그런 요소를 찾게 된다. 어색하고 불편해도 자녀와 '성'에 대한 이야기를 해야 하는 이유가 여기에 있다.

'그건 나중에 크면 알게 되는 일이야.'
(크기 전에 잘못된 경로와 정보를 통해 스스로 배우고 있다.)

'가르치지 않아도 저절로 알게 돼.'
(혼자서 찾아서 배운다. 유해한 교재로 배운다는 게 문제다.)

부모가 망설이고 있는 동안 아이들은 비정상적인 정보와 동영상 등으로 잘못된 것을 배우고 나누고 있는 상황이다. 자, 그렇다면 더 늦기 전에 아이에게 성에 대해 무엇을 어떻게 말해야 할까?

첫째, 음란 동영상을 통해 얻은 정보가 상식적인 정보가 아니라는 것을 말해준다.
둘째, 성은 지극히 개인적인 일이므로 아무리 친한 친구라도 공개적으로 나눌 수 있는 대화의 주제는 아니라고 가르친다.
셋째, 성은 늘 '책임'과 연결해 가르친다. '호기심으로', '그냥 좋아서', '친구들이 다 하니까'라는 식으로 쉽게 아무하고나 무책임하게 해선 안 된다고 말한다. 여자아이에게는 특히 '임신'의 가능성을 주지하게 한다.
넷째, 성적인 수치심이나 폭력은 나의 기준이 아닌 '당하는 상대의 기준'이 중요하기 때문에 나의 말이나 행동이 상대에게 큰 상처와 폭력이 될 수 있음을 알려준다. 좋아하는 마음만큼 늘 상대의 인격을 존중하면서 말과 행동을 조심할 것을 일러둔다.
다섯째, 어른으로서 책임질 수 있을 때까지 성은 보류되어야 한다는 것을 가르친다.

아이가 보이는 문제 행동을 어떻게 고쳐야 할지 몰라
한숨만 쉬거나 '사춘기 증상'일 뿐이라고 넘기는 것은
부모나 아이의 인생에서 아무 도움이 되지 않는다.
조금 힘들고 아프더라도 사랑과 대화로 아이가 변화하도록 이끌어야 한다.
그것이 전혀 불가능한 일도 아니다.

PART 5

아이는
달라질 수 있다

툭하면 화내고
짜증 내는 아이

처음 아이가 짜증 섞인 말투로 대꾸를 하거나 소리를 지를 때는 부모도 어느 정도 인정할 만한 상황이었을지 모른다. 그래서 그냥 지나갔을 수 있다. 그러나 부모에게 부리는 신경질과 짜증을 한 번, 두 번 허용하다 보면 나중에는 별일 아닌데도 짜증스러운 말로 감정을 표현하게 된다.

나쁜 습관을 바로잡아야겠다 싶어서 "너, 왜 그렇게 별것 아닌 일로 엄마한테 화내고 짜증을 내니?" 하고 말하면, 아이는 "내가 뭘 어쨌다고? 엄마도 화나면 그러잖아. 왜 여태까지 아무 말 없다가 오늘 갑자기 그래? 뭐 기분 나쁜 일 있었어?"라며 오히려 엄마에게 화살을 돌린다. 화내고 짜증 내는 것에 익숙해져 엄마 말이 괜한 간섭으로 들리는 것이다.

아이든 어른이든, 사람은 화를 내지 않고는 살아갈 수 없다. 아이들도 화를 낼 수 있다. 그러나 부모라면 아이에게 마음속 화를 좋게 표현하는 방법을 알려줘야 한다. 사람이 쉽게 화를 내다 보면 편하게 할 수 있는 말도 나중에는 소리를 지르게 되고, 더 강하게 감정을 표현하게 된다. 그래야 자신의 뜻이 더 잘 전달되는 것 같고, 자신이 이기고 있다는 생각이 들기 때문이다. 하지만 그럴수록 화의 감정에 다치는 것은 자기 자신이다.

나쁜 감정을 옳게 표현하는 법을 알려주자

사춘기 자녀를 둔 많은 부모들이 "우리 딸은 '버럭녀'예요. 뭐라고 말만 하면 버럭 소리를 질러요"라고 걱정 어린 말을 하면서도, 막상 아이가 "내가 뭘 어쨌는데?"라고 대들기 시작하면 거기에서 대화를 멈춘다. '알았다. 너 잘났다. 아이고, 저걸 내가……' 하며 참고 뒤돌아선다. 그렇게 아이를 바로잡을 타이밍을 놓쳐버린다.

아이의 까칠하고 짜증 섞인 말대답은 처음에 그냥 넘어가면 안 된다. 선을 넘었다고 생각하는 순간, 그 자리에서 바로잡아야 한다. 그 순간이 지나면 아이도 엄마도 새삼스러워진다.

"뭘 어쨌긴? 네가 방금 한 말과 행동은 엄마에게 도전하는 것처럼 보이는데? 엄마는 네가 대드는 것처럼 느껴져서 마음이 상했어. 뭐가 그렇게 기분이 나빴던 거니? 소리 지르고 나니까 기분이 좀 풀렸어?"

"아, 나도 몰라."

"그럼, 너도 모르게 소리를 지른 거니? 그런데 소리 지르고 보니 기분이 더 나쁘지? 진짜로 기분 나쁜 일이 있었던 것 같지? 원래 소리를 지르거나 욕을 하거나 나쁜 말을 하면 기분이 풀리는 게 아니라 더 상하는 법이야. 화를 좀 가라앉힌 다음에 이야기할까 아니면 지금 할까? 엄마는 어떤 것도 괜찮아."

"모른다니까! 말하고 싶지 않아."

"그럼, 네가 갑자기 화내고 소리 지르는 모습을 보면서 어떤 생각이 들었는지 말해야겠다."

아이와 이야기를 시작할 때는 몇 가지 준비 사항이 있다. 우선 서로의 눈높이를 맞춘다. 아이는 앉고 엄마는 서 있거나, 반대로 아이는 서 있고 엄마는 앉아 있으면 대화가 앞으로 나아가지 못한다. 가급적 집 전화와 스마트폰도 모두 끄는 게 좋다. 너와 이야기하는 일이 가장 중요하다는 뜻이며 다른 방해를 막기 위해서다. 아이가 좋아하는 코코아나 음료수, 쿠키를 가볍게 권하는 것도 좋다. 커피숍에서 대화를 하듯이 마주 보고 앉아서 눈을 맞추며 이야기를 해보자.

"살다 보면 어떤 일이나 상황이 네 마음에 들지 않을 수 있어. 네가 원하는 상황과 정반대로 흘러가거나 정말로 피하고 싶었던 상황에 부딪힐 수도 있고. 그때 마음속에서 울컥 분노가 치솟거나 '이런 상황은 진짜 싫다'라는 생각이 드는 것까지는 괜찮아. 그런데 그것을 거친 말이나 행동으로 표현하는 것은 다른 거야. 생각이나 감정 자체는 잘못이 아니지만 그걸 화로 표현해서 다른 사람에게 상처를 주면, 너의 화는 잘못된 행동으로 바뀌는 거지. 분노나 화를 쏟기 전에 '내가 지금 하는 말을 다른 사람이 들으면 어떤 기분일까?' 하고 딱 한 번만 생각해보자. 작은 일 같지만 너의 생각과 감정, 그리고 말을 훈련하는 기회가 될 거야. 국물이 끓어 넘치려고 할 때 냄비 뚜껑을 열어주면 거품이 스르르 잦아지는 것과 같아.

마음속에서 나쁜 감정들이 생기면 말이나 행동으로 즉각 표출하지 말고 그냥 꿀꺽 삼켜봐. 휘파람을 불거나 재미있는 말을 떠올려보는 것도 효과가 있어. 나쁜 감정을 꿀꺽 삼키고 나면 기분 나빴던 이유도 잊게 돼. 충동적인 감정은 잠깐 왔다가 사라지게 되어 있거든. 그러면 엄마도 상처받지 않고, 너도 엄마에게 덜 미안하잖아. 그렇지? 쉽지 않겠지만 그래도 노력해보자."

아이의 잘못을 지적할 때는 5분을 넘기지 않도록 하자. 엄마의 논리만으로 말을 길게 끄는 것도 좋지 않다. 길다고 더 잘 이해하는 것은 아니다. 중간중간 아이의 생각과 의견을 물어서 아이도 대화에 참여하게 만든다. 아울러 '엄마는 그 말을 들으면 화가 나는데 넌 어떻게 생각하니? 너는 엄마에게 그런 느낌을 받게 하고 싶었던 거니?' 하면서 아이의 생각을 확인해주면, 아이는 무심히 뱉은 말이나 행동이 상대에게 다른 의미로 전달된다는 것을 깨닫게 된다.

감정 조절이 잘되지 않는 사춘기 아이에게 무조건 짜증이나 화를 참으라고 요구할 수는 없다. 현실적이지 않다. 그러나 너무 급하게, 쉽게, 생각 없이 짜증이나 화를 내는 것은 자제할 줄 알아야 한다고 가르쳐야 한다. 그런 행동과 말은 상대의 감정만 상하게 할 뿐, 상대를 설득하거나 원하는 것을 얻을 수 없게 한다는 사실을 알려줘야 한다.

스마트폰을
손에서 놓지 않는 아이

스마트폰은 부모들에게 '신종 바이러스'다. 어떤 처방에도 수그러들지 않는 내성을 가지고 있다. 아이 앞에서 망치로 스마트폰을 박살낸다고 해서 바이러스가 사라지는 것은 아니다. 바이러스에 대항하고, 질병에 걸리지 않으려면 스스로 항체를 만드는 수밖에 없다. 스마트폰 문제도 아이가 스스로 스마트폰을 포기해버리면 문제가 사라진다. 그러나 아이들에게 스마트폰은 포기하기에는 너무 아깝고 불안한 유혹이다.

"스마트폰이 없으면 학교 끝나고 집에 오는 동안 아이들끼리 무슨 이야기를 하는지 알 수 없잖아요. 그래서 불안해요. 나만 빠지면 꼭 내 욕을 할 것 같아서 같이 끼게 돼요."

"학교에서 집으로 오는 30분 사이에 무슨 일이 얼마나 생긴다고 그렇게 불안하니?"

"그냥 불안해요. 그래서 카톡을 계속 확인하게 돼요."

부모 입장에서는 매달 만만치 않은 요금을 내주면서 아이 손에 무기 하나를 쥐어준 셈이다.

예전에는 학교에서 친구들과 문제가 있어도 학교를 벗어나면 모든 것에서 자유로울 수 있었다. 그러나 지금은 아니다. SNS를 통해 언제 어디서나, 심지어 잠자는 시간에도 친구들의 관심과 비웃음이 따라다닌다. 몇 명의 아이들로 국한됐던 놀림도 이제는 전교생, 이웃 학교 아이들, 나를 전혀 알지 못하는 사람들에게 퍼져 한순간에 욕이 날아온다.

아이가 스마트폰으로 누릴 수 있는 배움과 긍정적인 기회는 많다. 무거운 사전을 들고 다닐 필요도 없고, 처음 가는 길이라고 걱정할 필요도 없다. 어느 분야든 세계적인 전문가의 강의를 무료로 들을 수 있고, 공부하다 궁금한 것이 있으면 바로 묻고 답을 얻을 수 있다.

안타까운 것은 이런 좋은 점을 다 상쇄해버릴 만큼 나쁜 기회와 유혹이 스마트폰 안에 공존한다는 점이다. 스마트폰을 손에 든 아이들은 99개의 좋은 면을 제쳐두고 유혹이 되는 하나의 문을 열어 좋은 것을 누릴 수 있는 기회와 시간을 다 잃고 있다.

스마트폰은 아이들의 시간을 죽이고, 좋아하는 것에만 집중하는 '덕질'을 부추기며, 몰라도 될 타인의 사소한 일상에 열광하게 한다. 무분별한 정보의 홍수에 빠져, 혼자 생각하고 책을 읽고 몸을 움직이면서 땀을 흘리는 시간을 제대로 갖지 못하게 한다.

지금 자신에게 꼭 필요한 것 두 가지만 택하라고 했더니 대부분의 십대 아이들이 스마트폰을 둘 중의 하나로 선택했다. 부모로선 "스마트폰이 없었을 때는 뭘 하고 살았는지 몰라. 스마트폰이 신이에요" 하는 한탄이 절로 나올 수밖에 없다.

스마트폰은 아이들에게서 시간과 관심을 집중하는 일의 우선순위를 바꿔버렸다. 꼭 해야 할 공부보다는 스마트폰으로 웹툰이나 SNS를 수시로 보면서 시간을 보내고 외로움을 덜어낸다. 스마트폰이 주어진 순간, 아이들은 판도라의 상자를 연 것과 같다.

무분별한 사용을 막는 규칙 정하기

사실 아이에게는 전화와 메시지 기능이 있는 핸드폰이면 충분하다. 일부 의식 있는 고등학생들 사이에서는 최근 스마트폰 대신 폴더폰을 선택하는 자발적인 움직임이 있다. '스마트폰 때문에 인생을 망칠 수는 없다'는 자각이 생긴 듯하다. 그러나 만약 부모가 스마트폰을 포기하고 구닥다리 폴더폰으로 바꾸라고 하면 아이들은 당연히 반발할 것이다. 이럴 때는 아이의 감정에 호소하는 것이 좋다. 스마트폰 때문에 얼마나 걱정이 되고 불안한지 솔직하게 말하는 것이다.

"네가 일반 폰을 쓰면 조금 창피할 수 있다는 건 알겠어. 친구들과 카톡도 못하고, 인터넷 검색도 마음껏 할 수 없을 테니까. 그렇지만 엄마는 정말로 네가 스마트폰을 들고 뭔가를 하고 있을 때마다 불안해. 스마트폰에 시간을 너무 쓰는 것 같아서 염려스럽기도 하고. 엄마 아빠는 고등학교를 졸업할 때까지는 폴더폰으로도 충분하다고 생각해. 네 친구 중에 구식 핸드폰을 가지고 있는 아이는 없니? 모두 다 스마트폰이야?"

"아니, 몇 명은 폴더폰이에요. 아예 핸드폰이 없는 애도 있어요."

"그럼, 그런 애들은 어떻게 지내? 친구들이 왕따시키니? 스마트폰이 없다고?"

"그러진 않아요. 핸드폰이 없는 애는 우리 반 1등이야. 그래서 모두 그 애를 무시하지 못해요. 폴더폰을 가진 애들은 가난한 애도 있고, 그냥 잘사는 데도 그게 좋다고 갖고 다니는 애도 있어요."

"그러면 네가 스마트폰을 포기한다고 해서 이상한 애가 되는 것은 아니겠네? 핸드폰이 없는 애도 있으니까."

"아마도."

"그럼, 엄마가 폴더폰을 알아볼게. 엄마를 이해해줘서 정말 고맙다. 이제는 걱정이 덜 될 것 같아."

만약 그래도 아이가 스마트폰을 포기하지 못하겠다고 하면, 적어도 집에서는 스마트폰 전원을 끄거나 부모에게 맡겨두는 방법을 이야기해본다. 부모가 구체적인 기준을 정해놓으면 처음에는 불편해도 아이들은 그 규칙에 따르게 되고 곧 익숙해진다. 그리고 그 규칙이 결국 자기에게 유리하다는 것도 알게 된다.

남들도 다 하는 일은 시류를 따를 수밖에 없다고 생각해서 그냥 따르거나 아이가 알아서 자제해주기를 기다리는 것은, 미끄러운 내리막길에 아이를 세워두고 미끄러지지 않기를 기대하는 것과 같다. 아이가 바르게 서 있기를 바란다면 그런 환경으로 옮겨줘야 한다. 평평한 길에 두면 아이는 미끄러질 리가 없다.

알아서 하겠다면서
제대로 하지 않는 아이

선생님이나 부모님 앞에서 "하기 싫어요"라고 말하는 아이들은 오히려 다루기가 쉽다. 해야 하는 이유를 설명해줄 수 있으니까. 정말 다루기 어려운 아이들은 앞에서는 "알았어요. 할 거예요", "혼자서도 잘할 수 있어요", "내 일은 내가 알아서 해요"라고 해놓고 하지 않는 아이들이다. 처음에는 잊어버렸다고 하다가 나중에는 "아, 그건 안 했어요. 안 해도 돼요" 하거나 "전 그렇게 안 해요" 하는 식으로 빠져나간다. 어려서부터 부모가 요구하기만 하고 구체적으로 얼마나 했는지 확인하지 않으면 이런 습관을 갖기가 쉽다.

"엄마가 낸 숙제 다 했니?", "학교 숙제 다 했어?", "시험 준비는 다 됐니?"라고 물었을 때 "하고 있어요", "알아서 할 게요"라고 대답하면, "알아서 잘해" 하며 그냥 넘어갔을지 모른다. 그러나 아이가 알아서 하겠다고 말하는 것은 스스로 하고 싶은 마음이 들 때까지 기다리겠다는 뜻이고, 결국 그 일을 지금 당장은 하지 않겠다는 얘기다.
　부모가 아이에게 자율권을 주고 스스로 알아서 하는 자기 주도 학습을 권하는 것은 좋다. 그러나 모든 아이들은 공부 대신 다른 일을 할 수 있는 기회가 주어진다면 1초도 망설이지 않고 공부 아닌 쪽으로 달려 나간다는 사실을 알아야 한다.

시간 관리하는 방법을 알려준다

해야 할 일을 알아서 잘하게 하려면, 먼저 아이가 스스로 시간 관리를 할 수 있는지 확인한다. 잠자고 일어나는 시간은 일정한지, 학교에서 집으로 귀가하는 시간은 요일마다 정확한지, 주말에 집에서 보내는 시간이 생산적인지 등을 확인한 후에 아이에게 자율성을 주도록 한다. 알아서 하겠다고 해놓고 제대로 하지 않았을 때는 그에 상응하는 벌칙을 아이와 함께 만든다.
　"알아서 공부하고 생활하겠다고 해서 그만큼의 자율권을 주었는데 학원 선생님 말씀을 들으니 네가 번번이 숙제를 해 오지 않는다고 하시더라. 네가 알아서 하도록 내버려둬도 되는 건지 엄마는 걱정이 되기 시작했어."
　"내가 알아서 한다니까요."
　"그럼, 엄마랑 잠깐만 점검해보자. 자, 하루에 네가 공부하는 시간은 얼마나 될까? 왜 숙제를 미루게 되는지, 숙제를 안 하고 미룰 때 네 마음은 어떤지 궁금해. 혹시 숙제가 너무 쉽니, 아니면 너무 어렵니? 네 생각을 말해줄래?"

"별 생각 없었어요. 학원에서는 이따가 집에서 밤에 해야지 하고, 막상 집에서는 다른 일을 하다 보면 잊어버려요. 이틀 뒤에 생각나면 이따 해야지 하다가 또 잊고……."

"그럼, 엄마가 숙제하는 시간을 정해서 날마다 검사해도 괜찮겠니? 엄마는 너에게 맡겨두고 나중에 결과가 나쁘다고 혼내는 것보다 그날그날 공부한 상황을 확인하는 게 안심도 되고 마음도 편할 것 같아. 학원 선생님도 네가 늘 숙제를 해 오지 않으니까 선생님을 무시한다고 생각하시는 것 같거든. 넌 선생님을 무시해서 숙제를 안 한 것은 아니잖아."

아이가 어리고 서툴 때는 부모가 적당히 구속할 필요가 있다. 엄마가 아이를 훈련하는 것은 간섭이 아니라 도움을 주는 것이라는 사실을 알려준다.

"스스로 알아서 한다는 건 하고 싶을 때까지 기다렸다가 한다는 뜻이 아니야. 하기 싫어도 해야 하는 일이니까 알아서 시작한다는 뜻이고, 참기 싫어도 참고 해야 하는 일이니까 참는다는 뜻이야. 엄마가 하라고 해서가 아니라 네 스스로 하겠다고 약속했으니까 하는 거야. 알겠지?"

이후에는 되도록 구체적이고 짧은 메시지와 과제를 준다. "지금부터 26분 동안만 움직이지 말고 수학 숙제를 끝내는 데 집중하자"라든지, "암기해야 할 영어 단어를 38분 동안 끝내고 네가 하고 싶은 일을 하자"라면서 아이의 공부를 유도한다. 아이가 자신에게 유리한 다른 제안을 하지 못하도록 아이가 따를 수밖에 없는 권위를 가지고 말해야 한다. 그리고 옆에 있으면서 아이가 공부에 집중하는 것을 지켜본다. 이런 과정을 통해 아이는 며칠씩 미루고 있던 숙제가 집중하면 얼마나 짧은 시간 안에 끝날 수 있는지 알게 된다.

꼭 기억해야 할 것은, 아이가 해야 할 일을 미루지 않게 훈련하려면 부모도 그때그때 상황을 파악해서 격려와 칭찬의 말을 아낌없이 해야 한다는 점이다. 일의 진행 상황을 확인하는 부모의 관심은 아이에게 좋은 생활습관이 붙게 만드는 접착제가 된다. 요일별 시간표에 따라 부모가 확인해야 할 리스트를 만들어 벽에 붙여놓는 것도 도움이 된다.

입만 열면
불평불만인 아이

호주 연수 참가자 중에 입만 열면 불평불만을 늘어놓는 여학생이 있었다. 그 아이는 단 한마디도 긍정적인 말을 하지 않았다. '이슬'이라는 이름이 참 예쁘다고 하면 "뭐가 예뻐요. 진짜 싫어요. 지영이 같은 흔한 이름이 좋지, 이슬이가 뭐예요, 이슬이가!" 하며 퉁명스럽게 대답했고, 피부가 참 좋다고 칭찬하면 "얼굴이 이렇게 못생겼는데 피부라도 좋아야죠. 그런데 난 누가 내 피부 좋다고 하는 말 안 믿어요"라고 하면서 남의 말을 부정하고 스스로를 깎아내렸다.

나는 3주 동안 이 아이를 만날 때마다 의식적으로 칭찬을 해줬다. 그렇게 3주가 지나고 헤어질 때가 되어 "너 정말 잘했어. 수고했어. 네 표정이 지금 얼마나 예쁜지 아니?"라고 했더니 그 아이가 "그래요?" 하고 처음으로 내 말을 받아줬다.

아이가 긍정적으로 말하고 생각하는 것은 부모의 언어 습관과 의식적인 훈련에 달려 있다. '훈련'이라고 하면 군대의 신병 훈련을 떠올려 고되고 힘들지 않을까 생각하기 쉬운데, 전혀 그렇지 않다. 아이에게 좋은 습관 하나를 심어주기 위해 의식적으로 반복하는 일이 필요하다는 의미다. 웅변만 연습이 필요한 게 아니다. 나를 표현하고 다른 사람과 나누는 말에도 연습과 훈련이 필요하다.

긍정적인 언어 습관 훈련시키기

습관적으로 불평하는 아이를 부모가 무조건 참는 것은 아이의 언어 습관을 고치는 데 도움이 안 된다. 아이가 내뱉는 불평의 이유가 합당하면 당연히 문제를 해결해줘야 하고, 단순히 습관적인 불평이라면 말하는 습관과 태도를 바꿔줘야 한다.

"배고파 죽겠는데, 왜 밥이 없어요?"라는 말보다는 "그럼, 밥 말고 다른 먹을 게 있나요?"라는 말이 효과적인 대화의 기술이라고 말해준다. "왜 안돼요?"라고 묻기보다는 "어떻게 하면 될까요?"라고 해결 방법을 묻고, "이건 싫어요"라는 말보다는 "다른 것이 더 좋아요"라고 표현하는 것이 좋다고 가르친다. "죽어도 못할 것 같아요!"라고 말하는 대신, "이 일은 좀 어려운 것 같아요. 이 일을 할 수 있게 도와주세요"라고 해야 더 빨리 문제를 해결할 수 있다는 사실도 알려준다. 아이가 습관적으로 불평 섞인 말을 할 때마다 어떻게 긍정적으로 표현할 수 있는지 알려주고 바로잡자.

아이에게 긍정적으로 표현하라고 가르치면 처음에는 굉장히 어색해한다. 심지어 밥 먹고 일어나면서 "감사합니다. 잘 먹었습니다"라고 말하는 것도 낯설어 한다. 그러나 처음에는 어색해도 며칠만 지나면 긍정적으로 표현하는 것에 적응한다. 그리고 생각이나 감정을 긍정적으로 말하다 보면 마음까지 즐거워진다는 사실을 깨닫게 된다.

말이 바뀌면 행동이 바뀌고, 행동이 바뀌면 습관이 바뀐다. 결국 그 사람의 성격도 바뀐다. 그리고 성격은 인생을 바꾼다. 이것이 바로 아직 생각의 틀이 잡히지 않은 사춘기 아이에게 긍정적으로 생각하고 말하는 훈련을 의식적으로 시켜야 하는 이유다.

집에만 오면
말이 없어지는 아이

"밖에 나가면 말도 참 잘하는데, 왜 집에만 오면 입을 꽉 다무는지 모르겠어요."

아이가 집에 오면 말을 하지 않아서 고민이라는 하소연을 부모들에게 자주 듣는다. 아이가 말을 하지 않는 데에는 여러 이유가 있겠지만, 가장 큰 이유는 말을 해봤자 꾸중이나 잔소리밖에 들을 게 없다고 생각하기 때문이다.

"지금 네가 하는 말이 공부하고 무슨 상관이야?"

"넌 공부는 안 하면서 그런 쓸데없는 이야기는 잘 알더라."

"그런 영양가 없는 말을 하려면 영어 단어나 하나 더 외워."

"엄마 피곤한데, 쓸데없는 말만 하고 있어."

"네가 하는 말은 왜 다 그 모양이야. 그게 지금 할 소리니?"

만약 사춘기 아이들이 밤새 쏟아놓은 말을 영양가로 환산해서 담는다면 다 합쳐도 작은 티스푼 하나 채우지 못할 것이다. 그러나 그럼에도 불구하고 부모는 아이 말을 진지하게 들어주면서 속마음을 읽고 함께 이야기를 나눠야 한다. 그래야만 아이는 무슨 일이 생겼을 때 선배나 친구가 아닌 부모에게 가장 먼저 그 일을 털어놓게 된다. 자신의 분한 마음, 불안한 마음, 허전한 마음을 쏟아내고 위로받으려 한다.

머릿속에 '엄마 아빠가 뭔가 해답을 주실 거야' 혹은 '엄마 아빠는 나를 이해해주실 거야'라는 생각이 들어 있는 아이는 밖에서 왕따와 무시를 당해도 쓰러지지 않는다. 집에서 상처를 치유받고 다시 씩 씩하게 학교에 갈 수 있는 힘을 얻을 수 있다.

아이 말을 평가하지 말고 듣자

사람은 대화할 때 시시껄렁한 농담일지라도 자신과 같은 마음이 되어 호응해주기를 바란다. 아이 역시 마찬가지다. 부모와 이야기를 할 때 속으로 '나는 이런 마음인데 엄마는 어떻게 생각하세요?', '내가 이런 마음인 것이 괜찮은 거죠?'라고 생각하면서 자기 마음을 이해받기를 원한다. 그런데 그런 아이에게 말끝마다 공부와 관련짓고 쓸데없는 이야기만 한다고 면박을 주면 아이는 집에 들어오는 순간 입을 다물 수밖에 없다.

"왜 엄마한테 미리 말 안했어?"

"내가 말하면 엄마는 또 저번처럼 말할 거잖아."

만약 한 번이라도 이런 말을 아이에게 들은 적이 있다면 언제나 '뻔한' 말을 하는 부모일지 모른다.

"넌 그게 틀렸어. 엄마가 뭐라고 했어. 그럼 안 된다고 했어, 안 했어?"

"네가 그럴 줄 알았다. 쌤통이다."

"이따 밤에 아빠한테 혼날 줄 알아."

말을 할 때마다 부모에게 판단당하고 꾸중 듣는 아이라면 입을 닫게 되는 건 당연하다.

"엄마라도 억울하고 속상했겠다. 그래도 우리 아들이 잘 참았네. 지금은 기분이 괜찮은 거니?"

"저런, 실망했구나. 괜찮아. 또 다른 기회가 있을 거야."

아이가 하는 말을 평가하지 말고 따뜻한 말로 안아주자. 판단의 말보다 아이의 감정과 말을 인정해준 후에 아이가 관심 있어 할 만한 주제를 꺼내 자연스럽게 대화를 이어나가는 게 좋다. 아이가 집에만 오면 입을 닫는다는 것은 엄마가 아이만 보면 해야 할 말만 하느라 아이 말에는 귀를 닫고 있다는 뜻이라는 걸 잊지 말자.

연예인에
빠져 있는 아이

호주 연수 중 수업 시간에 초등학교 6학년 여자아이가 갑자기 울음을 터뜨리며 교실을 뛰쳐나갔다. 영어를 가르치던 호주 선생님은 깜짝 놀라서 나에게 연락을 했다.

"앞에 앉은 중학생 언니들이 내가 좋아하는 아이돌이 노래도 못하고, 이제는 한물간 아이돌이라고 했어요. 내가 아니라고 해도 언니들이 계속 그 애들은 밥맛없다고 욕했어요."

"그래서 수업 시간에 말도 없이 울면서 뛰쳐나간 거니? 선생님은 큰일 난 줄 알고 걱정했어."

"선생님은 몰라서 그래요. 그 언니들이 얼마나 나쁘게 말했다고요. 언니만 아니었으면 싸웠을 거예요. 진짜 싫어요."

"그래, 알았다. 네가 그 오빠들을 좋아하는 것은 이제 충분히 알았으니까 다시 교실로 돌아가자. 눈물 닦고…….”

　부모의 사춘기를 생각해봐도 아이가 연예인에 울고 웃는 것은 크게 걱정할 일이 아니다. 오히려 자연스러운 현상이다. 외모에 관심이 많아지는 사춘기에는 화려한 겉모습의 연예인에게 매력을 느끼기 마련이다. 연예인의 패션이나 메이크업을 따라 하고 싶은 마음이 생기는 것도 당연하다. 하지만 그렇다고 해서 특정 연예인에게 지나치게 빠져 있는 아이를 마냥 내버려둘 수도 없다.

현실적인 조언과 애정 어린 관심이 필요하다

또 다른 중학교 2학년 여학생 역시 같은 이유로 부모의 골칫거리였다. 그 아이는 소위 극성팬으로 모든 용돈을 팬클럽 활동에 쏟아부었고, 콘서트를 간다며 학교를 결석하기도 했다. 인터넷을 뒤져 좋아하는 스타와 관련된 기사를 모두 스크랩해서 주변 아이들에게 전파했다. 그것이 마치 자신의 소명인 양 생각했다. 아이 엄마는 처음에는 타이르기도 하고 혼도 내봤지만 다 소용이 없었다고 했다. 아이가 호주 연수에 참여하게 된 것도 연수가 끝나면 그다음 날 있을 콘서트에 보내준다는 조건이 있었기 때문이다.

　연예인에 빠져 있는 아이와 대화할 때는 무조건 아이를 한심하다는 식으로 몰아붙여서는 안 된다. 아이를 판단하기 전, 먼저 그 연예인을 왜 좋아하는지 물으면서 아이의 생각과 감정을 읽어야 한다.

"그 연예인의 어떤 점이 그렇게 좋니? 한번 설명해줄래?"

"멋지잖아요. 그런데 선생님은 어떻게 그 오빠를 모를 수가 있어요. 진짜 모르세요?"

"그러게. 연예인에 큰 관심이 없어서 진짜 몰라. 그래도 네가 그렇게 좋아하는 데는 뭔가 있을 것 같은데?"

"그 오빠는요······."

이렇게 대화의 문을 열면 아이들은 몇 시간이고 그 연예인 이야기를 이어나간다.

"그런데 그 연예인도 너의 그런 마음을 알고 있니?"

"아마 모를 걸요."

"왜 모를까? 네가 그렇게 정성을 다하고 뜻을 다하고 시간을 바쳐 노력을 하는데?"

"저는 수많은 팬 중에 한 명이잖아요. 그 오빠가 나를 꼭 알아야 할 이유는 없어요. 내가 좋아하면 그만이지."

"그렇지. 그것도 맞는 말이야. 그럼, 이번에는 너의 엄마 아빠에 대해 말해줄래?"

아이는 채 5분을 넘기지 못한다. 더 이상 부모에 대해 할 이야기가 없다.

"그래, 부모님에 대해서는 그 정도 알고 있구나. 그럼, 이제 너에 대해 한번 이야기해보자. 그 연예인을 좋아하는 것, 쫓아다닌 이야기를 빼고 너의 다른 면에 대해 말해보자."

"음, 그게……. 학생이고요, 제 꿈은 그 오빠처럼 연예인이 되는 거고요. 그리고 또……."

역시 자신에 대한 이야기도 5분을 넘기지 못한다.

"그렇구나. 정말로 네가 그 연예인을 좋아하는구나. 사람은 누구나 좋아하고 관심 갖는 것에 시간과 정성을 들이게 되어 있어. 그런데 안타까운 것은 그 연예인은 너의 존재를 모른다는 거야. 좀 슬프다. 그렇지? 다시 한번 생각해보자. 네가 갑자기 아파서 학교에서 쓰러졌을 때 제일 먼저 뛰어올 사람은 누굴까?"

"엄마 아빠겠죠."

"그래. 부모님일 거야. 그럼, 그 연예인은 왜 자신을 그렇게 좋아하는 네가 쓰러졌는데도 스케줄을 취소하고 너에게 뛰어오지 않을까?"

"그 사람은 스타잖아요. 나 혼자가 아닌 많은 사람들의 스타요."

"그래, 맞아. 그 사람은 멀리 무대에 서 있는 스타일 뿐이야. 그러니까 너의 현실과는 상관이 없어야 해. 네가 현실적으로 신경 써야 할 사람들은 모른 척하고, 오직 그 사람만 향해서 마음과 시간과 돈을 쓰는 건 조금 문제가 있어. 지금까지 한 번도 문제라고 생각하지 않았지? 너만큼 열정이 없는 아이들을 비웃었지? 하지만 네가 힘들고 아파도 그 사람은 여전히 노래하고 춤추고 있을 텐데 조금 배신감이 든다. 그렇지 않니?"

"배신까지는 아니지만 조금 그러네요."

연예인에 빠져 있는 아이는 자신의 현실에 불만을 가지고 있을 확률이 높다. 연예인을 좋아하는 동안 잊어버릴 수 있는 현실적인 문제를 갖고 있을 수 있다.

"네가 그 사람을 좋아하면서 잊고 싶은 현실적인 문제는 없니?"

"그런 것 없는데요. 그냥 노래가 좋은 건데요."

"넌 의식하지 못할 수 있지만, 그 사람을 통해 대리 만족하고 싶은 마음이 있을 거야. 바꿀 수 없는 현재의 상황을 그 연예인을 좋아하는 일로 잊고 싶어 한다는 뜻이야."

이쯤에서 현실적인 따끔한 충고를 해야 한다.

"네 꿈을 대신 이룬 것 같은 어떤 스타를 좋아할 수는 있어. 그 사람의 노래와 춤을 좋아할 수도 있고. 하지만 그 이상은 감정 낭비와 시간 낭비가 될 수 있어. 네가 끝까지 관심을 가져야 할 사람은 네 가족이고, 가장 중요한 관심은 바로 너의 인생에 둬야 하는데 지금 그렇지 못하니까. 진짜는 네 인생을 위해 네가 움직이는 거야. 네 인생에서 진짜 주인공은 너야."

물론 이런 이야기를 들려준다고 해서 아이가 당장 연예인을 좋아하는 일을 멈추지는 않는다. 하지만 일상생활에 지장을 주거나 부모의 걱정을 살 만한 행동은 어느 정도 자제할 수 있게 된다. 따끔한 충고도 필요하지만 기회가 생기면 아이가 좋아하는 연예인과 관련된 작은 물건을 사주는 센스와 여유도 가져보자. 이는 엄마가 모든 것에 관심을 갖고 있다는 것을 보여주면서 아이를 감동시킬 수 있는 기회가 된다.

쓸데없이
거짓말을 하는 아이

아이들은 때로 자기가 불리하다 싶으면 눈물을 흘리면서 진심을 다해 거짓말을 한다. 그래서 아이 말만 듣다 보면 '저렇게 눈물까지 흘리면서 거짓말을 하지는 않을 거야. 아이를 의심한 내가 잘못이지' 하면서 자신을 탓하게 된다.

아이들이 가장 흔하게 하는 거짓말은 "오늘 숙제 다 했니?" 하고 물으면 "오늘은 숙제 없어"라고 하거나 "학원 갔다 왔어?" 하는 질문에 학원을 가지 않고도 "응" 하고 대답하는 것이다. 그런데 이때 엄마의 질문이 구체적으로 바뀌면 아이의 대답도 구체적으로 바뀐다. 결국 나중에는 쉽게 거짓말을 할 수 없게 된다.

"숙제 다 했어?"보다는 "오늘 수학 수업이 있던데 숙제가 뭐니?"라고 구체적으로 묻는 게 좋다. "학원에서 오늘 결석한 아이는 없었어? 어제 시험 본 결과는 나왔니?"라고 콕 짚어 물으면 아이는 구체적으로 대답할 수밖에 없다. 물론 그럼에도 불구하고 아이는 거짓말로 대답할 수 있다. 그때 중요한 건 부모가 아이의 말투와 표정, 상황을 보고 뭔가를 숨기고 있느냐 아니냐를 읽어낼 수 있어야 한다는 것이다.

별것 아닌 문제로 한두 번 부모를 속이다 보면 아이들은 더 큰 문제로도 부모를 속일 수 있다고 생각한다. 그러나 부모에게 작은 거짓말을 들키면 '우리 엄마는 속일 수 없어. 차라리 처음부터 다 말하는 게 나아. 결국 다 아실 테니까'라는 생각이 들어 거짓말을 그만두게 된다. 그러니 작은 사인을 놓치지 말아야 한다.

부모는 알고도 속고 모르고도 속는다. 누구나 거짓말을 하면서 살기 때문에 남에게 피해를 주지 않는 이상 큰 문제가 없다고 생각하거나, 거짓말을 해서 얻을 게 없는데 아이가 왜 그런 불필요한 거짓말을 할까 싶어 의심을 거두기도 한다.

그런데 아이들은 자신에게 이득이 되기 때문에 거짓말을 한다기보다 그냥 재미있어서 혹은 귀찮아서, 길게 말하기 싫어서 거짓말을 한다. 이득이 있어야 거짓말을 할 거라는 추측은 어디까지나 어른의 생각이다.

거짓말은 결국 손해라는 사실을 깨닫게 한다

한 엄마가 초등학교 4학년 딸의 핸드폰에 못 보던 핸드폰 고리가 달랑이는 것을 보았다.

"엄마가 못 보던 핸드폰 고리네? 어디서 났어?"

"선생님이 주셨어요."

"그래? 어떤 선생님? 엄마가 그 선생님께 감사하다고 전화를 드려야겠네."

그러자 아이는 울상이 되면서 사실은 교실 바닥에 떨어진 것을 예뻐서 집어 왔다고 고백했다. 보통의 부모는 선생님이나 친구, 친구의 엄마가 줬다고 하면 거기서 멈춘다. 더 이상 묻지 않는다. 하지만 좀 더 구체적으로 질문을 하면 아이가 거짓말을 하고 있는지 금방 알 수 있다. 거짓말을 쉽게 하는 아이들은 도벽으로 발전하기 쉽기 때문에 반드시 바로잡아야 한다.

거짓말하는 아이를 바로잡으려면 부모가 더 정확하고 구체적이고 논리적이어야 한다. 아무리 거짓말을 잘하는 아이라도 거짓말을 하다 보면 논리에 모순이 생길 수밖에 없다. 그렇기 때문에 아이가 하는 말이 뭔가 미심쩍다 싶으면 구체적인 상황을 물어 빈틈을 찾아내야 한다. 아이가 학원 수업이 늦게 끝나서 귀가 시간이 늦었다고 말하면 한 번 더 물어본다.

"연락도 안 되고 늦게 와서 걱정했는데 수업 때문이었다니 안심이다. 그런데 오늘은 학원에서 무슨 특별한 일이 있었니?"

"아니, 그냥. 선생님이 늦으셨어."

"그래. 선생님께 무슨 특별한 일이 있었구나. 학원에서 나올 때는 어떤 친구랑 같이 왔니?"

이렇게 구체적인 질문을 하면 아이는 대개 어느 선에서 논리가 어긋나거나 말이 꼬이기 시작한다. 물론 진짜 학원 수업이 늦게 끝났을 수도 있다. 그런 경우라면 아이는 학원에서 있었던 일을 묻지 않아도 조잘거리게 되어 있다.

"엄마가 널 의심하는 게 아니라 걱정이 되어서 그러는 거야. 나중에라도 이렇게 늦게 되면 엄마한테 중간에 문자라도 보내줘. 그래야 걱정하지 않지. 그럴 때 쓰라고 핸드폰을 사준 거야."

아이들은 거북한 상황을 모면하고자 거짓말을 하는 경우도 많다. 아이들도 거짓말이 나쁘다는 것은 안다. 그러나 거짓말은 나쁘니까 하지 말라는 식의 설득은 전혀 효과가 없다. 거짓말을 하면 나에게 어떤 손해가 돌아오는지 논리적으로 설명해주는 것이 좋다.

"네가 거짓말을 해서 얻게 되는 이득과 정직하게 말해서 받게 되는 손해를 생각해본 적 있니? 혹시 막연하게 거짓말이 더 이익이 된다고 생각한 건 아닐까? 다른 사람에게 거짓말을 하면 처음에는 모두 네 말을 믿을 거야. 네가 특별히 나쁜 마음으로 불필요한 거짓말을 하리라고 생각하지 않으니까. 하지만 거짓말한 걸 알게 되면 너를 믿을 수 없는 사람으로 생각할 뿐 아니라 자신이 무시당했다는 생각도 할 거야. 그래서 다시는 너와 이야기하고 싶지 않고, 다른 사람들에게도 너와 이야기하지 말라고 말할지도 몰라. 겉으론 너를 예전처럼 대한다고 해도 뭔가 서로 서먹할 거야. 왜냐하면 그 사람은 너를 믿고 진심으로 대했다가 상처를 받았고, 너도 지금은 네가 진심이란 것을 설명하기 어렵거든. 남에게 거짓말을 하는 것은 처음에는 쉽고 이익을 얻는 것 같지만, 얼마 지나지 않아서 너는 더 비싼 대가를 치르게 돼."

사실을 말하면 더 혼날 것 같고 더 손해 볼 것 같아서 거짓말을 했다는 아이에게는 사실을 말하는 것이 진짜 용기라고 설명해준다.

"진짜 용기 있는 사람은 거짓말로 상황을 모면하거나 작은 이익을 얻지 않아. 거짓말은 비겁한 거야. 남이 너를 속이기를 원하지 않는다면 너도 남을 속여선 안 돼. 다른 사람이 너를 진심으로 대해주길 원한다면 너도 다른 사람에게 성실해야 하는 거야."

자존심이 너무 강해서 자신의 현실을 있는 그대로 받아들이지 못하는 아이도 습관적으로 거짓말을 할 수 있다.

"거짓말로 너를 꾸밀 필요는 없어. 사람은 말보다 행동이나 표정, 느낌으로 더 많은 이야기를 하거든. 말로써 너 자신을 아무리 꾸민다고 해도 그 거짓말이 현실을 더 좋게 바꿔주진 않아. 오히려 더 나쁘게 만들 뿐이지. 그리고 한 사람을 오래 속일 순 있어도 여러 사람을 오래 속일 순 없단다."

거짓말이 오히려 자신을 더 초라하게 만든다는 사실을 알려주면 대부분의 아이들은 수긍하고 진심으로 받아들인다.

엄마는 아이의 거짓말에 과민한 거부 반응을 보여야 한다. 거짓말은 큰일이고 도둑질 같은 것이다, 세상에 좋은 거짓말이란 없다, 아무리 아름답게 변명해도 거짓은 결국 거짓이다, 라는 점을 확실하게 알려준다. 가끔은 엄마의 실망을 표현할 필요도 있다. 무작정 화를 내는 것보다는 '실망했다'는 한마디가 아이를 확실하게 변화시킬 때가 있다.

"네가 그렇게 다른 사람을 속였다는 사실에 엄마는 실망이다. 엄마는 네가 어떤 상황에서도 당당하고 정직한 사람으로 살기를 바랐거든."

화내는 엄마의 모습에 감동을 받는 아이는 없다. 화내는 엄마가 무서워서 하지 말아야지 결심하는 아이도 없다. 그러나 엄마가 슬퍼하고 실망하는 모습에는 아이들이 새롭게 다짐을 한다. 무조건 화를 내고 고함을 치는 게 아니라 엄마의 걱정과 실망이 정직하게 전해지도록 차분히 말한다면 아이는 달라질 수 있다.

학교에 가기
싫어하는 아이

어느 날 아이가 학교에 가기 싫다고 한다면 그 '이유'를 알아내는 것이 우선이다.

"학생이 학교 안 가면 어디를 갈 건데?"

"남들 다 가는 학교를 왜 너만 안 간다는 거니?"

물론 이런 식으로 물어봐서는 아이가 학교에 가지 않으려는 이유를 알아낼 수 없다.

일단 등교를 거부하는 날에는 어떤 공통점이 있는지 찾아본다. 요일이나 시간표를 확인하면 어떤 시간이 문제인지 유추해볼 수 있다. 부모가 모르는 이유가 있을 수도 있으니 등교 거부가 반복되면 반드시 담임 선생님을 만나서 상담한다. 공부도 잘하고 별다른 문제도 없는데 학교에 가기 싫어한다면 성적에 대한 부담감이나 친구들에게 괴롭힘을 당하고 있을 수도 있다. 아이들은 이유가 있어서 다른 아이를 괴롭히는 것이 아니라 공부를 잘해서 혹은 이유 없이 괴롭히기도 한다. 이런 경우에 엄마를 쉽게 설득할 수 있는 방법이 몸이 아프다는 변명이다. 병원에서 아무런 이상이 없다고 해도 아이는 통증을 느끼는 경우가 있다. 이른바 '신체형 장애'로 분류되는 증상이다.

"엄마가 선생님께 배가 아파서 학교에 못 간다고 전화 드릴게. 오늘 중요한 시험이나 꼭 제출해야 하는 숙제는 없니? 만약 있으면 엄마가 제출하고 올게."

"그런 건 없어요. 수학 시험이 하나 있긴 한데 점수에 안 들어가요."

"그래, 그럼 다행이네. 엄마는 혹시 네가 시험이나 숙제 때문에 너무 스트레스를 받아서 몸이 아픈가 걱정했어. 혹시라도 힘든 점이 있으면 꼭 엄마에게 말해줘."

"그런 것 없어요. 엄마는 내가 지금 꾀병 부린다고 생각해요?"

"꾀병 아닌 것 알아. 혹시 엄마가 놓치고 있는 부분이 있나 해서 묻는 거야. 학교에서 마음에 부담이 가는 선생님이나 과목이 있으면 이야기해. 엄마가 모든 것에 답을 줄 수는 없어도 같이 이야기하면 길을 찾을 수도 있거든. 학교는 잊어버리고 오늘은 편하게 푹 쉬어."

학교에서 친구들에게 괴롭힘을 당하고 있는데 선생님이나 부모님께 말을 못해서 학교에 가기 싫어하는 경우에는 아이가 더더욱 그 이유를 말하지 않는다. 그런 일을 당하고 있다는 자체가 창피하기 때문이다.

　한번은 중학교 2학년 남학생이 갑자기 학교 가기 싫다는 말을 자주 하더니 학교에서 조퇴하는 일이 생기고, 어떤 날은 수업 중에 아무런 말없이 교실을 나가기까지 했다. 엄마가 무슨 일이냐고 이유를 물어도 아이는 납득할 만한 말을 하지 않았다.

　"일은 무슨 일. 그냥 학교도 싫고 공부하기도 싫고 이렇게 살기도 싫어. 맨날 똑같은 공부만 하고. 대학교 간다고 해서 내 인생이 달라질 것도 아닌데……."

　인생 운운하면서 학교가 싫다, 공부가 싫다고 하는 아이일수록 실제로 안고 있는 문제는 어른의 눈으로 보면 아주 작은 경우가 많다. 다만, 그 문제를 드러내놓고 말하면 자존심이 상하기 때문에 초점을 다른 곳으로 돌리는 것이다.

　"네가 아무 이유 없이 갑자기 학교가 싫고 공부가 싫어지지는 않았을 거야. 엄마가 알지 못하는 뭔가가 있을 것 같아. 아주 작은 문제일 수도 있고 정말 큰 문제일 수도 있겠지. 엄마가 학교 이야기를 듣고 싶은데, 혹시 친구들 중에 너를 괴롭히는 애가 있니?"

　"그런 거 없어. 엄마는 내가 학교에서 왕따나 당하는 애인 줄 알아?"

　"아니, 요즘에는 이유 없이 아이들이 왕따를 시키고 괴롭히는 일이 많다고 해서. 어떤 일이 있어도 네가 잘못했다고 탓하거나 판단하는 것은 아니야. 엄마가 도움이 되고 싶어서 그래."

"엄마가 안 도와줘도 돼요. 그러면 애들이 나를 마마보이라고 해."

"엄마가 친구들한테 그런 말을 듣지 않도록 선생님과 이야기해 볼게. 너를 부담스럽게 하는 일을 이야기해봐."

아이는 반 아이 중 한 명이 유난히 자기만 괴롭혀서 학교에 가기 싫다는 이야기를 털어놓았다. 아이 엄마는 담임 선생님께 도움을 요청했고, 곧 괴롭힌 아이와 그 부모에게 앞으로는 그런 일이 없게 하겠다는 약속과 사과를 받았다. 이후 담임 선생님은 괴롭힌 아이를 눈여겨보게 되었고, 학교 가기 싫어하던 아이는 다시는 그런 말을 하지 않았다. 한 학기가 끝날 무렵, 중간쯤 되던 아이의 성적은 상위권으로 상승했다.

결석이나 전학도 한 방법이다

아이들은 그냥 학교에 가기 싫은 것이 아니다. 공부는 재미없어도 친구 때문에 학교에 가는 것이 즐겁다는 아이들도 있다. 나를 알아주고 함께 놀 친구가 있으면 학교는 아이들에게 가고 싶은 곳이 된다.

아이가 학교가 싫다면 일단 선생님을 만나서 학교생활에 구체적으로 무슨 어려움이 있는지 알아보는 게 좋다. 중학생인 경우에는 담임 선생님과는 괜찮지만 다른 과목 선생님과 불편한 관계일 수도 있다.

친구가 마음에 들지 않아서, 괴롭힘을 당해서, 선생님이 싫어서 학교를 옮기고 싶다고 하면 전학을 하는 것도 하나의 방법이다. 단, 아이에게 전학을 가면 얻게 될 장점과 단점을 구체적으로 적어보게 한다. 부모도 장단점을 적어서 온 가족이 함께 의견을 나누는 것이 좋다. 전학은 이사를 해야 하고, 이사는 온 가족의 생활권을 움직이는 일이기 때문이다. 아이에게 이런 문제점을 이야기하면 아이는 "결국 안 갈 거면서, 뭘" 하며 반항하지만 생각했던 것보다 전학이 간단한 문제가 아니며, 자기 문제를 온 가족이 의논하고 생각했다는 데서 위로를 받는다. 전학을 가면 문제가 해결될 수도 있지만 더 나쁜 상황을 만날 수도 있고, 문제가 그대로 남을 수 있다는 점도 이야기해준다. 단, 이사 때문에 발생하는 문제 중 경제적인 측면은 되도록 맨 나중에 가볍게 언급하는 게 좋다.

"한 번 이사하는 데 드는 돈이 얼만데……."

이렇게 이야기를 시작하면 아이는 그 순간 '우리 부모는 나보다 돈이 더 중요하다'고 오해해서 마음을 닫아 버린다. 그다음에는 아무리 합리적인 이유를 대도 아이를 설득할 수 없다.

사실 부모는 안다. 새로운 학교로 간다고 해서 모두 좋은 친구만 있는 것은 아니며, 더 마음에 들지 않는 선생님이 있을 수도 있다는 것을. 그래도 부모가 귀찮아서 또는 그런 이유로 왜 이사를 하느냐면서 아이의 요구를 무시하는 것보다는 한 번쯤은 아이가 원하는 대로 움직여주는 것도 나쁘지 않은 방법이다.

아이가 싫다면 1년을 쉬게 할 수도 있고 학교를 몇 번이고 옮길 수도 있다. 학교를 옮기거나 쉬면서도 아이들은 배운다. 다만, 그 쉬는 기간에 다른 나쁜 기회를 만나지 않도록 학교를 다닐 때보다 더 신경을 쓰고 보살펴야 하는 것은 부모의 책임이다.

한빛이는 고등학교 1학년 때 6개월 정도 학교를 쉰 적이 있다. 미국에서 학교를 재미있게 다니고 있었는데 고등학교까지는 부모와 함께 지내야 한다는 이유로 호주로 옮겨 왔기 때문이다. 호주에서 학교에 들어갔지만 이것도 싫다, 저것도 싫다면서 하루 만에 등교를 거부했다.

"그럼, 네가 직접 가서 선생님께 말씀드려."

아이는 교복을 벗고 학교에 가서 선생님께 이 학교를 그만두겠다고 말했다. 교장 선생님, 교감 선생님, 입학 담당 선생님과 학년 담임까지 모여서 아이가 하루 출석한 학교를 그만두고 싶어 하는 이유를 들었다.

사실 그 학교는 몇 년씩 대기자 명단이 있는 사립 고등학교였다. 좋은 학교라서 아쉬운 마음이 들었지만 아이가 원하는 대로 학교를 그만두게 했다. 이후 나와 남편은 아이에게 학교에 가라는 말이나 공부하라는 말은 한마디도 하지 않은 채 집안일만 돕게 했다. 10월이 다 지나갈 때쯤 "엄마, 나 학교에 안 보내요?" 하고 아이가 물었다.

"너 학교 다니기 싫다면서."

"그래도 고등학교는 졸업해야지."

그렇게 다음 날 바로 학교 입학 수속을 진행해서 고등학교를 졸업했다. 아이가 학교를 쉬는 처음 일주일은 나도 몸살을 앓았다. 그러나 부모가 줄 수 있는 기회를 주고 선택은 본인에게 맡기고 나니, 6개월을 논 후 학교로 돌아갔다.

공부는 안 해도 되지만 학생이 아닌 십대로서 할 일도 많다는 것을 가르칠 필요가 있다. 내 아이가 만들어놓은 상황이 아무리 부모 마음에 들지 않아도 조급해하지 않고 불안해하지 않으면 아이도 별다른 부담 없이 그 상황을 견디고 이겨낼 수 있다.

음란물에 지나치게
관심을 보이는 아이

"우연히 아들의 스마트폰을 보고 음란 사이트에 들어간 것을 알게 됐어요. 아이에게 물었더니 자기는 들어간 적 없고 스팸이 와서 팝업으로 뜬 것이라고 말하더라고요. 그 사이트를 클릭해봤더니 팬티도 안 입은 여자들이 다리 벌리고 있는 사진들이 뜨는데, 겨우 초등학교 6학년인 아이가 이런 사이트를 봤다고 생각하니 내 아들인데도 갑자기 징그럽게 느껴지고 소름이 끼쳤어요."

어느 부모라도 다르지 않을 것이다. 자녀가 초등학생이 아니라 대학생이라고 해도, 아니 결혼한 성인이라고 해도 자녀가 음란물을 본다는 사실을 눈으로 확인하는 것은 부모로서 매우 고약하고 거북한 일이다.

그러나 스마트폰을 손에 들고 있는 아이들은 하루 24시간, 장소에 구애받지 않고 음란물에 노출되어 있다. 그럼에도 내 아이는 아닐 것이라고 부정하고 싶은 것이 부모다.

본능을 절제하는 훈련이 필요하다

아이가 음란물을 봤다는 사실을 알았을 때 엄청난 잘못을 저지른 것처럼 혼내거나 윽박질러서는 안 된다. 그러기 위해서는 부모도 흥분이 가라앉을 때까지 잠시 시간을 갖는 게 좋다. 그날 당장 흥분한 상태에서 말하려고 하면 감정이 앞서기 때문에 아이에게 필요 이상의 죄책감이나 수치심을 줄 수 있다.

"이 사이트가 열려 있는 것을 보고 많이 놀랐어. 네가 이 사이트에 들어간 거니?"

"아니야. 그냥 스팸으로 열린 거야. 난 몰랐어."

"그래, 그랬을 수도 있지. 그런데 이런 사이트가 열린 것을 알았으니까 조금 거북해도 엄마와 이야기를 하는 것이 좋을 것 같아. 너무 민망하면 아빠와 이야기해도 괜찮아. 아빠에게 이런 이야기를 전달하는 것보다 지금 여기서 엄마와 이야기하는 것이 더 좋을 것 같은데, 넌 어떠니?"

"아, 됐어. 이런 이야기를 뭐하러 해. 난 보지도 않았는데. 더 많이 보는 애들이 얼마나 많은데."

"그래. 엄마가 조금 놀라긴 했지만, 그렇다고 해서 네가 나쁜 짓을 했다는 뜻은 아니야."

"안 봤다니까 왜 자꾸 그래. 그리고 우리 반 애들은 다 봐. 어떤 애가 스마트폰에 '야동'이라고 치고 검색하려는 것을 애들이 보고, 막 놀리고 왕따도 시키고 그랬어. 난 아무것도 아니야."

"그렇구나. 너도 이제 십대가 되었고 사춘기에 접어들었으니까 이런 이야기를 해도 될 것 같은데……. 사춘기가 된다는 것은 네 몸의 성장과 변화가 예상하지 못한 속도로 빨라지면서 지금까지 느껴 보지 못했던 충동이나 호기심이 생길 수 있다는 뜻이야. 그건 누구나 겪는 자연스런 변화이지. 이성의 몸에 호기심을 느끼고 친구의 키스 이야기나 이성 친구 문제에 귀가 솔깃해지기도 해. 본능적이고 자연스러운 호기심을 느끼는 단계까지는 절대 잘못이 아니야. 하지만 그렇게 불쑥 찾아오는 호기심과 충동을 자제하는 훈련이 되어 있지 않아서 그것을 조절하지 못하면 문제가 될 수 있어. 그 선을 넘지 않는 자제력이 꼭 훈련되어야 해. 그게 엄마가 오늘 너와 이 일을 두고 이야기하는 이유야. 엄마 말 이해할 수 있지?"

"아, 알았으니까 그만해요. 난 이런 거 이야기하기 싫다니까 엄마는 왜 자꾸 그래."

"그래, 알았어. 엄마는 단지 네가 친구들과 함부로 그 호기심에 대해 큰소리로 떠들거나 성 충동을 느낀다고 해서 음란물을 무절제하게 보지는 않았으면 해. 생각한 것을 그대로 표현하거나 행동으로 옮기는 것을 어떤 사람들은 솔직하다, 정직하다고 말하지만 엄마는 그렇게 생각하지 않아. 불쑥 찾아온 모든 생각을 말이나 행동으로 다 드러낼 필요는 없지 않을까?"

"알았어요. 진짜 그냥 한 번 본 것뿐이야."

"엄마가 많이 놀란 건 사실이지만 너와 이야기할 수 있어서 다행이야. 엄마도 한 번은 이런 이야기를 해야겠다고 느끼고 있었거든."

아이들이 음란물에 접근하는 것을 물리적으로 완벽히 제지할 수 있는 방법은 현실적으로 없다. 그렇기 때문에 아이에게 항상 넘어서는 안 될 가이드라인을 반복적으로 말해줄 필요가 있다. 그래야 최소한 대놓고 음란물을 보거나 친구들과 그런 내용을 화젯거리로 삼지 않는다.

한 가지 더 말하자면, 부모가 아이와 구체적으로 말하기가 껄끄럽다고 해서 "엄마 아빠도 네 나이엔 그런 것에 호기심이 있고 몰래 보는 것쯤은 알고 있어. 그러니 적당히 봐" 하고 쿨하게 반응하는 것은 별로 좋은 대처가 아니다. '적당히'라는 말의 빈도가 부모 입장에서는 자제하고 참다가 어쩔 수 없을 때 보는 것이라면, 아이 입장에서는 부모의 암묵적인 동의도 받았으니 예전처럼 해도 된다는 허락의 말로 들리기 때문이다. 하지 말아야 할 일은 절대 안 된다는 경계선을 만들어줘도 아이들은 끊임없이 그 경계를 오간다. 부모의 하지 말라는 당부의 말이 '적당히'라는 말보다 아이를 움직이고 참게 한다.

욕을 너무
많이 하는 아이

"요즘 아이들은 욕을 하지 않으면 무리에 끼워주지 않는대요. 우리 아이도 초등학교 때는 말썽 한 번 안 부리고 정말 착했어요. 바른 말만 쓰고요. 그런데 중학교 1학년이 되면서 말이 거칠어지기 시작하더니 욕을 하더라고요. 안 그러면 친구들이 놀아주지 않는다면서요. 욕이 아이에게는 '생존 언어'가 되었나 봐요. 그래도 넌 욕하면 안 된다고 무조건 말릴 수도 없고 어떻게 해야 할지 고민입니다."

한 사춘기 부모의 하소연이다. 우리나라 십대는 45초마다 욕을 한다는 조사 결과가 발표된 적이 있다. 그런데 '45초마다'가 아니라 실제로는 감탄사와 접속사, 말의 시작과 끝이 다 욕이라고 해도 과언이 아니다. 십대 아이들에게 욕을 빼고 말을 하라고 하면 어떻게 말을 해야 할지 당황해할 정도다. 기분이 좋아도, 기분이 나빠도, 말이 막혀도, 신경이 쓰여도 모두 욕으로 순간적인 감정과 생각을 표현한다. 상대가 누구든, 장소가 어디든 특별히 달라질 것은 없다. 집이나 학교에서 욕을 한다고 특별히 제지를 받은 적도 없고 대가를 치른 적도 없으니, 누구나 다 하는 욕을 유행어 따라 하듯이 하면서 살아간다.

옆을 지나가던 중학교 1학년 여학생이 나와 어깨가 살짝 부딪혔다. 여러 명이 나란히 걷다 보면 있을 수 있는 일인데, "아이, XX!" 하면서 욕을 뱉었다.

"어떻게 그런 욕이 그렇게 쉽게 나오니? 지금은 전혀 욕을 할 상황이 아닌데."

"욕 안 했는데요."

아이는 상당히 억울하다는 표정이었다.

"방금 선생님이 옆에서 들은 그 말은 욕이었어. 그것도 아주 큰 욕."

"아, 그건 나도 모르게 나온 거예요. 제가 그 말을 잘 쓰니까 그냥 나왔나 봐요."

"넌 그 욕이 무슨 뜻인지 알고 쓰는 거니?"

"……."

"그러면 선생님이 그 뜻을 알려줄게. 뜻을 알고도 그 말을 쓰고 싶은지 한번 생각해봐."

내가 엄한 표정으로 욕의 뜻을 알려주니 아이는 비로소 자신이 뭔가 큰 잘못을 저질렀다는 생각이 든 듯했다. 이 아이처럼 욕을 하는 아이들은 자신이 쓰는 말이 얼마나 나쁜 의미를 갖고 있는지 모르는 경우가 많다. 욕을 비속어가 아니라 또래 사이에서 쓰는 유행어 정도로 생각하며 사용하기 때문이다.

예외 없이 바른 말을 쓰게 한다

아이가 욕을 하면 부모가 그 자리에서 바로잡아줘야 한다. 다른 친구들도 다 하니까 자신도 괜찮다고 변명하는 것이 왜 잘못된 것인지, 왜 욕을 하면 안 되는지 분명하게 설명해준다. 실제로 중학교 아이들에게 자주 하는 욕의 뜻을 상세하게 설명해주니 그런 말인 줄 몰랐다며 욕을 덜 쓰게 되었다는 교육 사례도 있다.

"아무리 모든 친구들이 욕을 해도 넌 욕이 나쁜 말이라는 것을 알면 쓰지 말아야 해. 다른 아이들이 모두 하니까 괜찮다는 말에 엄마는 동의할 수 없어. 말은 곧 말을 하는 사람의 인격이야. 네가 만약 어떤 선생님께 '선생님은 아주 재수 없어요'라고 했다면 너의 말에 따라 선생님이 그런 사람이 될까? 그렇지 않다는 것은 너도 알 거야. 선생님께 그 말을 하는 순간 네 인격의 수준만 바닥으로 내려가는 거야."

"화가 나면 상대에게 욕을 할 수도 있는 거잖아요."

"화가 나더라도 바르게 말을 하면 네가 바른 사람이 되고, 너의 인격이 바로 서는 거야. 욕을 하면서 넌 상대의 인격을 무시했다고 생각하기 쉽지만, 그 사람의 인격은 너의 욕으로 무시되지 않아. 욕을 한 너의 인격만 나빠지지. 말은 칼보다 무서운 속성이 있어서 네가 욕을 섞어 함부로 말하는 것은 곧 사람들을 향해 함부로 날카로운 칼날을 휘두르는 것과 같아. 칼에 맞으면 피가 나고 상처가 나듯이 욕을 들으면 사람의 영혼도 상처를 입게 돼. 칼로 입은 상처는 시간이 지나면 아물기도 하고 희미해지기도 하지만, 말로 입은 상처는 시간이 흘러도 늘 새롭게 아프지. 엄마는 우리 딸이 그 정도의 교양은 갖춘 사람으로 자라기를 바라."

이따금 요즘 아이답지 않게 바른 말을 쓰는 아이를 만날 때가 있다. "너는 어떻게 그렇게 바른 말을 쓰니?"라고 물어보면, "나쁜 말을 쓰거나 욕을 하면 엄마한테 진짜 혼나요"라고 한다. 이게 아이들이다. 부모가 바른 말을 쓰도록 강하게 훈련을 시키면 아이는 부모를 따라오게 되어 있다.

공부에 집중하지 못하고
산만한 아이

"아휴, 정신 사나워. 집중 좀 해. 왜 잠시도 가만히 못 있니?"

엄마가 말하는 순간 잠시 주의를 집중했던 아이는 얼마 지나지 않아 다시 움직이기 시작한다. 선천적인 질병이 원인이 아니라면 이처럼 집중하지 못하고 산만한 아이들은 대부분 어려서부터 훈련이 되어 있지 않아서다. 교실에서 산만하고 공부 시간에 집중하지 못한다면 부모가 계획적이고 꾸준하게 훈련을 시켜야 한다.

물론 그렇다고 해서 갑자기 아이를 한 시간씩 책상 앞에 앉혀둘 수는 없다. 처음에는 공부 대신 좋아하는 일을 하게 하면서 집중하는 훈련을 해본다. 노래 한 곡을 차분히 앉아서 듣게 하거나 5분이나 10분 정도 집중할 수 있는 놀이로 훈련을 시작해도 좋다.

이때 '책상은 바르게 앉아 있어야 하는 곳'이라는 인식을 심어준다. 만약 아이가 책상 앞에 앉아서 다리를 흔들거나 몸을 비틀면 무엇이 문제인지 직접 물어본다.

"왜? 불안하니?"

"아닌데요."

"그럼, 왜 그렇게 다리를 흔드니? 다리를 심하게 흔드는 모습을 보면 다른 사람들은 네가 뭔가 불편하거나 불안을 감추고 있다고 생각해. 그런 인상을 주고 싶은 것은 아니지? 자, 가만히 바르게 앉아보자. 앉아 있는 것도 훈련이야. 몸을 꼬거나 흔들지 않고 바르게 앉아 있으면 마음이 차분해져."

아이가 공부에 집중하지 못하고 부산하게 돌아다닐 때는 혹시 돌아다니면서 공부를 하면 더 잘되는지 물어보자. 그렇다고 하면 책상에 앉아서 하는 공부와 돌아다니면서 하는 공부의 효과를 아이와 직접 비교해본다. 실제로 한자리에 앉아서 하는 공부보다 자유롭게 움직이면서 공부하는 게 더 집중이 잘된다는 사람도 있다. 그러나 앉아서 하는 공부가 더 효과적이라면 앉아 있는 훈련을 해야 한다.

아이가 아주 잠시라도 차분히 앉아 있으면 반드시 칭찬을 해준다. 지나가는 말로 가볍게 칭찬을 해도 아이는 그 칭찬을 잊지 않는다.

"그렇게 앉아 있으니 아주 점잖은 신사 같아. 아주 잘했어."

이런 말은 자칫 귀만 간지럽힐 것 같지만 아이는 진심으로 그 칭찬을 믿고 받아들인다. 반면에 "거 봐. 그렇게 조용히 앉아 있을 수 있으면서 왜 그렇게 정신없이 휘젓고 다녀? 한 번만 더 그래 봐라"라고 하면 아이는 '점잖게 앉아 있든 내 맘대로 하든, 결국 듣는 건 꾸중이네. 그냥 하고 싶은 대로 해야지'라고 생각하게 된다.

게임을 하듯 재미를 주며 이끌어보자

무턱대고 10분만 앉아 있으라고 요구하기보다는 3분 정도만 움직이지 않고 앉아서 공부하다가 알람이 울리면 그때부터는 재미있게 놀자고 제안하는 것이 효과적이다. "3분 동안 누가 더 집중을 잘하나 내기해볼까?" 하면서 아이에게 직접 알람을 맞추게 한다. 요즘은 스마트폰으로 알람을 맞추는 일이 아주 쉽다. 알람 소리를 아이가 좋아하는 것으로 선택하면 게임처럼 생각할 수 있다. 무슨 일이든 놀이가 되면 즐거워하는 것이 아이들의 특성이다. 책상에 차분히 앉아서 책을 보는 일이 엄마와 내기를 하는 게임이 된다면 아이는 기꺼이 참을 수 있다. 물론 결과는 당연히 아이의 승리가 되어야 한다.

"와, 우리 아들이 엄마보다 훨씬 더 진지하고 차분하구나. 엄마는 참기 힘들었는데 우리 아들은 정말 잘하네. 네가 엄마보다 훨씬 나아. 정말 큰사람이 될 거야."

조금이라도 나아진 모습을 보인다면 그 자리에서 칭찬하고 격려해준다. 가만히 있을 때 칭찬을 듣고 기분 좋았던 경험이 있어야 부산스럽게 이것저것 신나는 일 없나 하고 움직이는 일이 줄어든다.

처음에는 집중하는 시간을 2분 45초, 3분 18초 등 초 단위로 짧게 잡고, 이후에 조금씩 늘려간다. 아이가 집중하는 재미를 느끼게 될 것이다. 그 시간 동안 일어날 수 있는 재미난 이야깃거리를 찾아서 아이에게 들려줘도 좋다. 방금 우리가 가만히 있었던 3분 18초 동안에 지구는 태양 주위를 몇 킬로미터나 돌았고, 개미는 몇 센티미터를 이동했고, KTX는 최고 속도로 갔을 때 몇 킬로미터나 달렸는지 등 아이가 호기심을 가질 만한 소재면 더 좋다. 이런 식의 놀이는 아이에게 시간의 단위가 상황이나 대상에 따라 달라질 수 있으며, 가만히 앉아 있는 것도 즐거운 경험이 될 수 있다는 것을 알게 한다.

아이가 책상에 차분히 앉아 공부를 하면, 엄마도 일을 멈추고 아이와 얼굴을 마주하거나 옆에 앉아서 함께 시간을 보내는 것이 좋다. 아이는 앉아 있는데 엄마는 다른 일을 하고 있으면 아이가 금세 지겨워져 시계만 바라보게 되거나 벌을 받고 있다고 느낄 수 있다.

매사에 자신감이 없는 아이

내성적인 아이들이 외향적인 아이들에 비해 자신감이 없어 보이는 것은 사실이다. 하지만 내성적인 아이는 앞에 나서야 할 때는 망설이지만 좋아하는 일이나 해야 할 일에 대해서는 무조건 뒤로 빼지 않는다. 아이들은 기본적으로 나서기를 좋아하고 왕성한 호기심 때문에 적극적으로 움직이려는 특성이 있기 때문이다.

평소 부모에게 칭찬을 듣지 못했거나 꾸중 듣는 일에 익숙한 아이는 자신감이 없다. 겁 없이 덤볐다가 실패해서 친구들에게 조롱을 받거나 부모에게 "넌 그것도 못하고 그게 뭐냐? 창피하게"라는 말을 들은 적이 있다면 그 쓰라린 경험도 자신감을 갉아먹을 수 있다. 어느 날 갑자기 아이가 자신감 없는 모습을 보이기 시작했다면 마음에 상처가 생겨 움츠러드는 것일 수도 있다.

호주 연수 프로그램에 참여한 중학교 2학년 여학생이 영어 일기를 써보라는 소리에 일기는 쓰지 않고 울기만 했다. 왜 우느냐고 물었더니 영어 일기를 쓰는 게 자신이 없고 무서워서 운다고 했다. 공부를 더 못하는 아이들도 아무렇지 않게 쓰는 영어 일기가 눈물을 흘릴 만큼 두려운 일이라면, 이 아이의 마음속에는 분명 상처가 있는 것이다. 역시나 아이는 중학교 1학년 때 왕따를 당한 경험이 있었다. 자기의 영어 실력 때문에 새로운 친구들에게 또 다시 거부를 당할까 봐 움츠러들었던 것이다.

"전 못해요. 진짜 못해요. 한 번도 해본 적 없어요. 다른 애 시키면 안 돼요?"

조장이라는 간단한 일을 시켜도 무조건 못한다고 수선을 떠는 아이 역시 마음은 하고 싶지만 '괜히 나섰다가 망신당할지도 몰라. 차라리 뒤에 조용히 있는 게 나아' 하는 두려움이 있을 수 있다. 평소 잘못한 일에 심한 꾸중을 들은 경험이 있거나, 동생이 잘못한 일에 대표로 꾸중을 들은 경험이 많은 아이는 더 쉽게 이런 반응을 보인다. 리더로 나서고 싶지만 나서지 않으면 적어도 꾸중 들을 일은 없을 거라는 계산이 있는 것이다.

칭찬과 인정보다 좋은 약은 없다

사람은 누구나 다른 사람에게 자신이 소중한 사람이고 특별한 존재임을 인정받고 싶어 한다. 성취감을 느끼고 싶고, 어떤 일이든 자신감을 갖고 당당하게 하고 싶다. 십대는 더더욱 그렇다. 자신이 무대의 주인공이라고 생각하는 시기이기 때문에 자신감이 넘치는 아이든, 그렇지 않은 아이든 머릿속에서 만큼은 내가 주인공이다. 그렇기 때문에 주인공인 자신이 망치면 안 된다는 생각에 앞에 나서는 일을 망설이게 된다.

아이의 주인공 의식을 긍정적으로 발전시키고, 당당하게 표현할 줄 아는 힘으로 유도하려면 어떤 일의 결과가 나쁘거나 잘못되었다고 해서 기를 죽이지 말아야 한다. 꾸중을 해야 할 일도 돌려서 "이렇게 하면 잘할 수 있었는데 그걸 놓쳤구나. 하지만 다음에 더 잘하면 되니까 괜찮아"라며 넌지시 지적해주는 것이 좋다.

부모가 아이 능력보다 높은 목표를 세워놓고 자꾸 그 목표에 가도록 몰아붙이면 아이는 번번이 부모의 기대에 부응하지 못하는 자신에게 자신감을 잃게 된다. 이렇게 자신감을 잃은 아이는 쉽게 성취할 수 있는 낮은 목표부터 다시 시작하게 이끄는 것이 좋다. 무엇보다 지금 그대로의 모습에서 다른 아이와 구별되는 특별한 점을 찾아내 진심으로 칭찬해주고 인정해주는 것이 중요하다.

자신감이 없는 아이들은 자아상도 부정적이다. 스스로 '난 별 볼일 없는 아이야', '난 ○○보다 못한 아이야'라고 생각한다. 그런 부정적인 자아상을 바꿔주고 싶다면 부모의 반복적인 칭찬이 필요하다. 스스로 자신의 장점을 인정하고, '난 참 특별하구나', '나도 참 괜찮은 아이구나'라고 생각할 수 있도록 격려하고 또 격려해야 한다. 기회가 있을 때마다 수시로 장점을 잊지 않도록 상기해줘야 한다.

십대는 어떤 한 사람이라도 진심으로 자신에게 관심을 갖고 칭찬하고 인정하면 그 사람을 위해서 자신의 모든 것을 바꿀 수 있으며 어려운 상황도 극복해낼 수 있다. 그 힘을 끌어내는 것이 부모가 할 일이다.

컴퓨터 게임에
빠져 있는 아이

"언제 주로 게임을 하니?"

"학교에서 돌아와서 엄마가 오시기 전까지요."

"엄마는 네가 집에 오고 몇 시간쯤 후에 오시는데?"

"보통 두세 시간 후요."

"그럼 날마다 그 두 시간 동안 게임을 하니?"

"처음에는 그랬는데 엄마한테 들키고 난 뒤부턴 한 시간 반 정도만 해요. 엄마가 오시기 전에 컴퓨터 본체랑 모니터를 식혀야 하니까요."

"그런데 30분 전에 그만두게 돼?"

"그렇게 하지 않으면 계속 못하잖아요."

"엄마는 날마다 네가 게임을 했는지 확인하지 않으시니?"

"컴퓨터에 비번도 걸려 있고, 어쩌다 컴퓨터를 만져도 차가우니까요. 그리고 제가 안 했다고 하면 안 하는 줄 아세요."

"비번은 어떻게 풀었어?"

"엄마 비번 풀기 쉬워요. 진짜 어려웠던 비번은 푸는 데 일주일이나 걸렸지만 그래도 결국 풀었어요."

게임에 빠져 있는 아이에게는 말로만 하지 말라고 할 게 아니라 게임을 멀리 할 수 있도록 물리적인 제재가 우선시되어야 한다. 하굣길에 PC방에 들른다면 학교 앞으로 부모가 아이를 데리러 가는 것도 방법이고, 특정한 친구들과 어울려서 게임을 한다면 그 무리의 친구들과 떼어놓는 것도 방법이다. "못 만나게 한다고 안 만나나요?"라고 포기하기 전에 아이가 정말 하고 싶어 했던 일이나 관심 있는 일을 하게 해준다. 그룹으로 하는 운동팀에 넣어주거나 꼭 배우고 싶어 하던 것을 배우게 해서 게임 시간을 대체해야 한다.

직장맘의 경우 아이가 학교에서 돌아와 혼자 있는 시간이 한 시간 이상 된다면 다른 어른이 아이와 함께 있게 만든다. 유치원에 다녀오는 아이를 마중하는 것처럼 중학교 3학년 때까지는 어른이 아이의 하교 후 시간을 함께해주는 것이 좋다.

자제력을 가르치고 일정 시간만 허락한다

부모들은 컴퓨터 게임을 '놀이'로만 생각하는 경우가 많다. 아이가 성적만 떨어지지 않는다면 컴퓨터 게임 정도야 봐줄 수 있다고 한다. 하지만 컴퓨터 게임 중독은 부모의 생각처럼 그렇게 단순하지 않다. 단순히 시간이나 돈을 낭비하는 문제가 아니다.

"게임을 하고 나면 기분이 좋니? 스트레스가 풀려? 게임 한 판 했으니 이제부터 공부를 열심히 해야지, 결심하게 되니?"

"몰라요. 한 번도 생각해보지 않았어요. 기분이 썩 좋지는 않아요."

"재미있게 했는데 왜 끝나면 기분이 별로일까? 게임이 너한테 주는 진짜 나쁜 점은 뭘까 생각해봤니?"

"그런 건 생각 안 해봤는데……."

"게임을 하다 보면 네가 정말로 신경 쓰고 해야 할 일은 잊어버리고 게임에만 집중하게 될 거야. 그래서 게임이 끝나도 네가 뭘 해야 할지 현실로 돌아오는 데 시간이 걸리지. 게임은 잠시 네 현실을 잊게 해줄 순 있지만, 현실로 돌아오면 아직 끝내지 않은 숙제나 공부는 더 많이 밀리게 돼. 그래서 게임 전보다 더 스트레스를 받게 되지.

그뿐만이 아니야. 게임을 하면서 너도 모르게 폭력적이 될 수 있어. 게임 속에서는 칼로 사람을 찌르고 총을 쏘는 일이 장난 같지만, 네 무의식은 그 일을 장난으로 받아들이지 않아. 네가 진짜로 경험한 것처럼 그대로 무의식 속에 저장되는 거야. 사람의 무의식은 생각보다 무서워. 네가 가상세계에서 경험한 일도 너의 무의식은 직접 경험한 것처럼 기록하거든. 넌 그런 점에 대해 생각해봤니?"

어떤 부모는 아이가 게임을 모르면 친구들에게 소외되는 것 아니냐고 걱정한다. 아이 역시 친구들과 어울릴 수 없다고 불평을 한다. 하지만 게임을 하지 않아도 친구가 좋아하는 게임 이야기를 들어줄 수는 있다. 모든 것을 함께 경험해야 친구가 되는 것은 아니라고 아이에게 설명해주면 된다.

그래도 아이가 게임을 못 끊겠다고 하면 시간을 정해서 알람이 울리면 일어날 수 있는 자제력을 요구하고, 그게 가능하다면 일정 시간만 게임을 허락한다. 물론 그 시간을 부모가 직접 확인해야 한다. 네가 알아서 하라고 말하는 것은 알아서 하지 않아도 어쩔 수 없다는 뜻이기 때문이다. 아이의 자제력을 키우는 것은 아이 혼자서는 절대 할 수 없는 일이다. 부모가 작은 일부터 함께하면서 시간과 움직임을 확인해야 한다.

정리 정돈을
하지 않는 아이

아이가 방 청소나 정리 정돈을 하지 않는 이유는 여러 가지다. 온 식구가 적당히 어질러져 있는 집에 익숙해서 청소하지 않는 습관을 문제라고 느끼지 않거나, 아이에게 방을 치우라고 끊임없이 잔소리를 하면서도 아이가 하지 않으면 대신해주는 경우가 그렇다. 아니면, 아이가 어질러진 방을 치우는 방법을 몰라서일 수도 있다.

실제로 아이에게 방 청소를 시켜도 제대로 하지 않는다고 하소연하는 부모를 보면 청소를 시키는 방법 자체에 문제가 있는 경우가 많다. 단순히 "깨끗이 청소해", "방 좀 정리해", "1시간 안에 청소 끝내"라는 말만으로는 아이를 움직일 수 없다. 이럴 때는 어떻게 정리를 해야 하는지 구체적으로 말해준다.

"17분 후에 다시 올 때까지 정리해. 바닥에 늘어놓은 옷들은 빨아야 할 것과 더 입을 것으로 구분하고, 더 입을 옷들은 옷걸이에 걸어서 옷장 안에 둬. 책들은 책꽂이에 꽂거나 책상 위에 차곡차곡 정리하고, 바닥의 종이는 쓰레기통에 버려. 마지막으로 청소기를 3분 정도만 돌리고, 시간이 남는다면 물걸레로 책상과 책꽂이를 닦아. 그 정도는 네가 17분 안에 할 수 있다고 생각해."

아이에게 청소나 정리 정돈을 시킬 때는 길게 시간을 주거나 "방 좀 정리해!"라는 식으로 막연히 말하면 별로 효과가 없다. 잔소리 같겠지만 무엇을 어떻게 정리해야 하는지 명확히 전달하고, 정해진 시간에 알람이 울리도록 설정해둔다.

시간제한을 둘 때는 5분이나 10분 단위의 시간보다 7분이나 2분 등 익숙하지 않은 시간이 좋다. 생소한 시간 단위가 새롭게 감각을 일깨우고, 사람을 훨씬 적극적으로 움직이게 만들기 때문이다. '15분'은 20분이나 30분이어도 상관없다는 뜻으로 받아들여지기 쉽고, '30분 정도'라는 말은 한 시간을 끌어도 별 문제가 없다는 식으로 받아들여지기 쉽다. 하지만 17분처럼 낯선 시간을 말하면 청소를 하면서도 시간에 계속 신경 쓰게 된다. 또한 구체적으로 치워야 할 것을 지적해주면 무엇부터 정리해야 할지 몰라서 멍하니 한숨을 쉬며 시간을 낭비하지 않는다.

청소가 끝난 후에는 반드시 확인한다

중간에 한 번쯤은 아이가 얼마나 열심히 하고 있는지 들여다보고, 한 두 마디 격려의 말을 해준다.

"벌써 이렇게 많이 치웠어? 역시 마음먹고 하면 이렇게 잘할 수 있네. 금세 깨끗해지겠는데?"

17분 안에 끝내라고 시켰으면, 알람이 울리는 시간에 돌아와서 반드시 확인한다. 확인하지 않으면 시키지 않은 것과 같다. 시간 안에 제대로 해놓았으면 꼭 상을 준다. 좋아하는 일을 할 수 있도록 허락하는 것도 좋다. 칭찬의 말도 아끼지 않는다. 재빠르게 방을 둘러보고 아이가 잘한 점을 찾아낸다.

"와, 책을 저렇게 순서대로 맞춰 정리하니까 보기에 좋다. 나란히 서 있는 것 같아."

"옷을 바르게 걸었구나. 역시 넌 손놀림이 섬세해."

"네가 이렇게 깨끗하게 정리할 수 있는 능력이 있는지 몰랐어. 이제부터는 이틀에 한 번만 17분 동안 정리하면 되겠다. 덕분에 엄마 마음이 가벼워졌어."

자기 방을 정리한 일에 불과하지만 아이에게 엄마를 도왔다는 자부심을 심어줄 수 있다.

저녁에 아빠 앞에서 넌지시 칭찬을 해주는 것도 잊지 않는다. "정민이가 오늘 17분 만에 자기 방을 얼마나 깨끗하게 정리했는지 한번 보실래요? 정말 대단해요" 하고 말이다. 다만, 이때 아빠가 "나중에,

지금은 피곤해"라고 하거나 "자기 방을 자기가 정리한 게 무슨 대수라고. 그렇게 할 수 있으면서 왜 여태까지 그렇게 돼지우리처럼 하고 살았어?"라고 반응하면 안 된다는 것은 굳이 설명하지 않아도 잘 알 것이다.

외모에 지나치게
집착하는 아이

사춘기 아이들은 자기가 무대의 주인공이라고 생각한다. 밖에 나가면 세상 모든 사람들이 내 이마에 난 여드름 개수를 셀 것 같고, 내 머리 모양, 작은 키, 넓은 얼굴에 관심을 가질 거라고 진심으로 믿는다.

"제발 아침이면 그놈의 앞머리 때문에 지각하지 말고, 앞머리를 아예 잘라 버리든가 핀으로 넘기든가 해."

"눈에 붙은 테이프 좀 떼고 가. 멀쩡한 눈에 왜 테이프는 붙여서 작은 눈을 더 눈에 띄게 만드니?"

"비비크림 발랐니? 학생이 얼굴 색깔이 그게 뭐니?"

샤워는 자주 안 하면서 머리는 날마다 감아서 목욕탕 바닥을 물범벅으로 해놓는 아이부터 바지에 칼주름이 서지 않으면 안 입겠다고 버티는 아이, 얼굴은 둥글고 작은데 기어이 눈을 가릴 정도로 앞머리를 내리는 아이, 안경알도 없는 바보 안경테로 온 얼굴을 가리고 다니는 아이, 멀쩡한 눈에 도수도 없는 컬러렌즈를 껴서 오싹한 빛을 발하는 아이까지 십대가 보여주는 외모에 대한 집착은 실로 다양하다.

뿐만 아니라 아이들은 자기의 외모를 꾸미는 수단들(헤어스타일, 비비크림, 컬러렌즈, 점퍼, 가방, 신발 등)이 다른 아이들과 다르면 자기만 초라하고 주류에서 소외됐다고 생각한다. 다른 아이들과 외모가 다르면 불안하다. 그래서 외모가 해결해야 할 최우선 과제로 부각된다.

머리나 옷차림이 마음에 들지 않는다면

외모에 신경 쓰는 십대의 마음을 돌이키기는 쉽지 않다. 이것은 마치 성난 코뿔소의 뿔을 잡는 것과 같다. 한마디 잘못 시작하면 아이의 항변에 부모의 마음이 다치기 쉽다.

"넌 얼굴도 작은데 왜 앞머리를 내려서 답답해 보이게 하니? 앞머리 좀 올려봐."

이렇게 말을 시작하면 아이와 평생 원수가 되기로 선포한 것과 같다.

나는 앞머리가 정말 어울리지 않는 여학생을 보면 돌려서 말한다. 먼저 여학생들이 여러 명 모여 그룹 미팅을 할 때, 자연스럽게 왜 그렇게 앞머리가 똑같은지 궁금한 듯 물어본다. 그러면 아이들은 모두 "그냥 다 이렇게 해요", "이렇게 앞머리를 내리지 않으면 불안해요", "다른 애들이 다 그렇게 해서요"라고 대답한다.

그런데 그중에는 앞머리 없이 머리를 뒤로 질끈 묶었거나 반듯한 단발머리 여학생이 꼭 한두 명 있다. 그러면 이번에는 앞머리를 내리지 않은 여학생에게 "왜 너는 앞머리를 내리지 않았니?"라고 묻는다. 그러면 "그냥 전 이게 좋아요"라거나, "저는 앞머리가 어울리지 않아요. 저도 해봤는데 이젠 안 해요"라는 대답이 돌아온다. 그때 나는 "그래. 넌 자기 생각이 뚜렷한 아이구나. 사실 넌 앞머리 없는 지금이 훨씬 당당해 보이고 예뻐"라고 말한다. 그러고는 앞머리로 이마를 가리는 것이 전해주는 메시지를 아이들에게 말해준다.

"앞머리로 이마를 덮거나 긴 머리로 얼굴을 반쯤 가린 아이들은 어딘가 자신감이 부족하거나 자기 주관 없이 그냥 남을 따라 하는 느낌이 들어. 반대로 앞머리 없이 이마를 내놓고 다니는 아이들은 자기 주관이 확실하고 당당해 보이지. 너희들도 내 얼굴형에 맞지 않다 싶으면 과감히 앞머리를 없애봐. 얼마나 자신 있고 당당하게 보이는데."

그러면 아이들은 모두 돌아가면서 앞머리를 한 번씩 올려본다. 주류에서 벗어나기 싫어서 무작정 따라 했던 앞머리를 슬쩍 올려볼 용기가 생긴 것이다. 어른 눈에는 별것 아닌 앞머리가 사춘기 아이들에겐 보이지 않는 또래압력으로 작용한다.

나는 "이야, 예쁘다. 분위기가 완전히 다른데? 너무 당당해 보여" 하면서 칭찬을 해준다. 아이들도 "진짜 달라" 하면서 호응을 한다. 그러면 다음 날 아침 영락없이 서너 명의 아이들은 앞머리를 올리고 나타난다. 그러고는 "선생님, 저 앞머리 올렸어요. 어때요?" 하고 물어본다. "진짜 예쁘네. 훨씬 당당하고 자신 있어 보여. 얼굴도 정말 예뻐. 제발 그렇게 해줘." 이렇게 칭찬하면 아이는 수줍어하면서도 그렇게 한다. 아이들은 자기가 무심코 따라 했던 일에 새로운 의미를 보여주면 새롭게 받아들인다.

"머리 만질 시간 있으면 그 시간에 공부나 해라."

"속은 텅 비었으면서 겉멋만 들어가지고……."

이렇게 먼저 정죄하고 판단해서는 아이를 변화시킬 수 없다. 아이는 자신이 왜 외모에 집착하는지 이야기하지도 않을 것이다. 외모를 꾸미는 일도 그만두지 않을 것이다.

아름답게 자신을 가꾸는 일은 절대 혼낼 일이 아니다. 문제는 아이는 외모를 가장 관심 갖는 최우선의 과제로 여기는 데 반해 부모는 그렇지 않다는 데 있다. 이 차이를 좁혀가야 한다. 아이가 왜 그렇게 외모 문제를 포기하지 못하는지 물어보고 이유를 들어야 한다. 먼저 들어야 아이를 이해하고 설득할 수 있다. 그래야 바꿔줄 수 있다.

담배
피우는 아이

일반적으로 부모가 자녀의 흡연 사실을 알아채기까지는 시간이 걸린다. 아이들이 온갖 아이디어를 동원해 흡연 사실을 숨기기 때문이다. 부모 역시 자신의 아이가 흡연을 하리라곤 상상도 못한다. 그러다 어느 날 우연히 아이의 책상에서 라이터를 발견하게 되면 아이가 돌아오길 벼르고 있다가 따져 묻는다.

"이게 웬 라이터야? 너 혹시 담배 피우니?"

"무슨 소리야? 무슨 라이터가 있다고 그래?"

"이거 네 책상에 있던데?"

"아, 그거! 친구 거야. 생일 축하 파티 후에 두고 간 걸 내가 가져왔어. 엄마는 내가 그 라이터로 담배 피운 줄 알았어? 아들을 어떻게 보고 그래?"

"그렇지? 엄마는 괜히 혼자서 하루 종일 맘 졸였잖아. 담배는 절대 피우면 안 돼."

"알았어. 내가 뭐 그런 앤 줄 알아?"

부모는 놀란 가슴을 쓸어내리면서 상황이 일단락되었다고 생각한다. 그런데 아이의 교복을 빨다가 다시 담배 냄새를 맡는다. 가슴이 철렁하고 내려앉는다. 자녀가 담배를 피운다는 사실을 알게 됐을 때 놀라지 않을 부모는 없다. 학교에서 돌아온 아이를 불러서 이번에는 좀 더 단호하게 묻는다.

"오늘 네가 입었던 교복을 빨려고 보니까 담배 냄새가 나더라. 너 혹시……."

"아니야, 엄마! 내가 어제 집에 오는 길에 PC방에 잠깐 들러서 그래. PC방에서 냄새 밴 거야. 엄마, 나 계속 의심해? 아니라니까."

아이들은 어떻게 해서든지 흡연 사실을 숨기려고 한다. 담배를 피우고 있다가 현장에서 잡혀도 일단 부정부터 한다.

아이가 담배를 피운다는 것을 알고 나면 일단 다리에 힘이 빠지면서 '도대체 내가 뭘 잘못한 거지? 어디서부터 뭐가 잘못된 거지?' 하며 자신의 잘못만 탓하다가 정작 아이를 도울 수 있는 기회를 놓치기 쉽다. 당황하지 말고 어떻게 할지 생각해서 대처해야 한다.

쉽게 배우지만 쉽게 끊을 수도 있다

담배를 피우는 아이를 돕는 방법은 두 가지다. 첫째는 아버지가 직접 흡연은 절대 용납할 수 없다는 사실을 가르쳐주는 것이다. 절대 넘어서는 안 되는 선이 있다는 것을 아이에게 확실하게 알려준다. 중학교 3학년 남학생의 경우 책가방에서 담배가 발견되자 아버지가 아이를 그 자리에서 파출소로 데리고 가서 미성년자에게 담배를 판 사람과 담배를 피우는 아들을 처벌해달라고 했다. 경찰은 난감했지만 아버지의 단호한 행동 때문에 함께 담배를 피우던 친구들을 불러다 훈계했고, 그 과정에서 아이는 담배를 피우는 것이 아버지께 절대 용납되지 않는 잘못이라는 것을 알고 끊게 되었다. 부모의 단호한 행동이 아이에게 중요한 계기가 된 것이다.

중학교 1학년 남학생의 경우는 아버지에게 흡연 사실을 들킨 후 산으로 끌려가 흠씬 맞은 이후로 담배를 끊게 되었다고 한다. 그 후로는 '담배'라는 말만 들어도 아버지에게 맞은 일이 생각났다고 했다. 물론 이런 극단적인 방법은 한계가 있고 일시적일 수 있다. 그러나 담배가 절대 용납되지 않는 것임을 확실하게 알면 나중에 친구들이 권해도 아버지 핑계를 대며 거절할 수 있게 된다.

첫 번째 방법이 통하지 않는다면 용돈을 아예 주지 않는 방법도 있다. 용돈을 주지 않는데도 계속 담배를 피운다면 다른 아이들의 돈을 빼앗거나 다른 방법으로 용돈을 조달하고 있다고 봐야 한다. "설마 아이가 그런 짓까지 하려고요" 하겠지만, 아이는 부모의 이런 순진한 생각을 알고 있다. 흡연 경험이 있는 아이에게 금연을 요구할 때는 모든 나쁜 경우의 수를 가정해야 한다.

아이에게 수시로 가방과 옷을 뒤지겠다고 선포도 해야 한다. 냄새만 맡아선 아이가 담배를 피우는지 아닌지 알 수 없다. 요즘은 담배 냄새를 깨끗하게 없애주는 제품들이 너무 많다. 또 몰래 흡연을 하는 아이들은 부모보다 훨씬 더 많은 정보를 알고 있다. "엄마는 너를 믿는다" 같은 평화로운 말만으로는 나쁜 습관이 사라지지 않는다.

아이 가방에서 담배를 발견하곤 그 자리에 담배 대신 민트 사탕을 넣어두었는데 아이가 어떻게 반응할지 궁금하다는 부모님도 계셨다. 아이는 십중팔구 모른 척하며 새로 담배를 살 것이다.

아이가 흡연 중이라면 지치지 말고 꾸중하고 금지하고 관찰해야 한다. 십대이기 때문에 담배를 쉽게 시작할 수 있지만 쉽게 끊을 수도 있다. 결과는 부모가 얼마나 집중적으로 끊임없이 관심을 갖느냐에 달려 있다.

담배를 함께 피우는 나쁜 친구들이 곁에 있다면 그 친구들과 만나는 시간을 운동이나 다른 활동으로 바꾸는 노력도 해야 한다. 물리적으로 멀어지면 그 만남에서 오는 나쁜 기회도 줄어든다. 단순히 담배를 피우지 말라는 말로는 아이의 행동을 변화시킬 수 없다. 부모의 관심과 시간과 열정이 필요하다.

가장 큰 문제는 "이왕에 시작한 담배, 어떻게 끊겠어요. 어쩔 수 없죠. 담뱃값 때문에 다른 아이의 돈을 빼앗거나 돈이 없어서 질 나쁜 담배를 피우는 것보다 차라리 용돈을 올려서 순한 담배라도 피우게 하는 것이 현실적이지 않을까요?"라고 생각해 포기하는 마음이다. 심지어 전자 담배를 사주는 것을 교육적인 처방이라고 생각하며 안심하는 부모도 있다.

부모가 아이의 나쁜 습관과 싸우기를 포기하면 아이는 밖에 나가서 금연을 권하는 선생님께 무슨 상관이냐고 말하면서 대들게 된다. 흡연에 대해 부모가 한쪽 눈을 감는 것은 일시적으로는 편할 수 있으나 문제는 담배 자체가 아니다. 담배를 피움으로써 연결되는 나쁜 기회다. 부모에게 거짓말을 하고 선생님을 속이고 학교 교칙을 어기는 등 담배 하나에 고구마 줄기처럼 나쁜 기회들이 줄줄이 따라온다. 십대의 흡연에 민감하게 반응해야 하는 이유다.

아이의 행동을 변화시키는 4단계

1 잘못된 행동을 대체할 수 있는 새로운 습관을 만들어준다.
잘못된 행동을 그만두게 하는 것만으로는 효과가 없다. 그 나쁜 습관을 통해 느꼈던 편안함이나 즐거움을 대신할 수 있는 새로운 습관을 만들도록 독려해야 한다.

2 바람직한 행동으로 바뀌었을 때 칭찬한다.
부모 마음에 드는 행동을 칭찬하는 것이 아니라 바람직한 행동으로 바뀌면 칭찬한다. 나쁜 행동을 꾸중하기보다는 그것을 어떤 행동으로 바꿔야 하는지 구체적으로 알려주고, 아이가 그러한 행동을 하면 크게 칭찬하고 인정해준다. 나쁜 행동을 지적하고 꾸중만 하면 아이는 부모와 이야기하는 것 자체를 피하게 된다.

3 기대의 말로 끝맺는다.
아이가 고쳐야 할 잘못된 행동을 다시 반복하더라도 기대와 격려의 말로 이끌어야 한다. '넌 다시 시작할 수 있다'는 기대의 말로 아이를 격려하고 기대가 없으면 잘못도 지적하지 않는다는 사실을 알려준다.

4 반복적으로 칭찬한다.
칭찬하고 싶은 행동이 정착될 때까지 계속 반복해서 칭찬한다. 한 번 칭찬했으니 이제는 됐다고 잊어버리거나, 바뀐 행동을 보고도 칭찬하지 않고 못 본 척하면 그 행동은 쉽게 사라진다. 하나의 행동이 새로운 습관이 되기 위해서는 적어도 3주 이상의 의식적인 노력이 필요하다. 그때까지는 의식적으로 인정과 칭찬을 해주는 것이 좋다.

책을 마치며

부모는 믿고
기다릴 줄 아는 사람

수업 시간에 선생님께 대들고 친구들을 때리고 틈틈이 결석하고, 흡연과 음주를 일삼는 중학교 2학년 남학생이 있었다. 보다 못한 학교에서는 체벌로 한 달간의 정신과 치료를 권하기까지 한 아이였다.

그 아이에게 3학년 선배가 "난 너 같은 애들 잘 알아!"라고 말을 붙이자, "네가 어떻게 날 알아? 나를 알고 있는 사람은 강금주 선생님밖에 없어. 나를 알아주는 사람도 강금주 선생님밖에 없어. 함부로 나를 안다고 까불지 마!" 했다. 그런데 며칠 후 그 3학년 남학생이 나를 찾아와 물었다.

"선생님은 어떻게 그 애를 알아요? 선생님은 나도 알 수 있어요?"

십대는 누군가 자신을 알아주길 원하고 스스로도 자신을 알고 싶어 한다. 내가 중학교 2학년 아이를 '알아주기 위해' 한 일은 토요일 하루를 온전히 그 아이와 보낸 것이었다. 아침 8시부터 밤 8시까지 점심도 같이 먹고, 이야기도 나누고, 그러다 지치면 카페에 가서 커피와 초콜릿을 먹으면서 거의 12시간을 함께 보냈다. 그 시간 동안 나는 아이에게 많은 이야기를 들었고, 또 이따금은 나에 대한 이야기도 해줬다.

그 아이는 아무에게도 말해본 적 없다며 '치과 의사가 되고 싶었다'는 어린 시절의 꿈을 수줍게 꺼내놓았다. 우리는 그 꿈을 이루기 위해 인생의 마스터플랜을 함께 짰다. 아이는 이제 자기 인생에도 희망이 생겼다며 기뻐했다. 부모도 어떻게 손을 대야 할지 몰라 포기하다시피 한 아이를 하루의 시간이 다시 살려놓은 것이다.

십대 아이를 돕는 일은 과학이나 철학이 아니다. 3차 방정식이나 통계학 지식을 요하는 어려운 수학도 아니다. 아이가 겉으로 보이는 증세만 보고 미리 겁먹고 절망할 필요는 없다.

두 아이를 키운 엄마로서, 지난 35년간 〈십대들의 쪽지〉를 통해 수많은 십대와 끊임없이 이야기하며 살아온 상담자로서, 14년 동안 조기 유학 온 아이들과 함께 살며 공부를 가르치고 생활 지도를 해온 홈스테이 맘으로서, 서른다섯의 나이에 영어 공부를 시작해 마흔이 넘어 호주 변호사가 되어 어린 날의 꿈을 이룬 사람으로서, 그리고 호주와 한국, 미국, 영국을 오가는 생활 속에서 자녀교육과 십대는 늘 내 관심사의 처음과 끝이었다. 하지만 대학 졸업 후 국어교사로 발령을 받을 때만 해도 내가 이렇게 긴 시간 동안 십대와 밀착된 삶을 살리라고는 생각하지 못했다.

이제 이 땅의 십대는 〈십대들의 쪽지〉가 나에게 준 소명이다. 9년 전, 이 땅의 십대가 있는 한 이 일을 계속하겠다던 남편은 이 세상을 떠났지만, 아직도 홀로 눈물짓는 십대가 있고 〈십대들의 쪽지〉도 그대로 남아 있다.

〈십대들의 쪽지〉에 상담 편지를 보내오던 십대는 어느덧 십대 자녀를 키우는 부모가 되었다. 그땐 우리 부모만 나를 이해하지 못하고 인정하지 않는다고 답답해했는데, 어느덧 자신이 아이와 말이 안 통하는 부모가 되어 있고, 아이의 행동을 어떻게 이해해야 할지 몰라 고민하는 부모가 되어 있다. 한 세대가 흘러 모든 것이 바뀌었는데도 여전히 부모는 십대 아이가 당황스럽고, 십대 아이는 부모가 답답하다.

나는 이 책에서 부모들에게 십대를 움직이는 구체적인 방법을 이야기하고 싶었다. 아이를 보며 가슴 졸이고 불안해하는 부모에게 힘이 되고 싶었다. 내 아이가 십대를 지나기 전에 꼭 가르쳐야 할 가치관, 어른이 되기 전에 갖춰야 할 좋은 습관, 미래에 대한 구체적인 꿈을 함께 찾아가는 방법, 아이와 마음 상하지 않고 대화하는 방법, 아이가 꼭 알아야 할 성(性)과 이성 교제 문제, 평생 갈 친구를 사귀는 방법 등을 함께 생각하고 이야기해보고 싶었다.

'이 세상에서 내 아이의 가장 좋은 인생 가이드는 바로 부모구나.'

'부모로서 내 아이를 도울 수 있는 길이 아직도 많이 있구나.'

'십대가 된 아이와 편하게 지내는 일, 그렇게 어려운 것이 아니구나.'

책을 덮는 순간, 당신이 이런 생각을 하게 된다면 참으로 기쁠 것 같다.

십대는 아무리 거칠어도 십대다. 내 아이다. 십대에 대한 막연한 불안과 걱정을 걷어내고 아이를 있는 그대로 받아들일 준비를 하자. 부모는 아이 인생에서 닫힌 문을 열 수 있는 마스터키를 이미 손에 쥐고 있다. 너무 당황해서 손에 들고 있는 마스터키를 보지 못하고 무조건 집 밖에서 답을 찾으려고 뛰쳐나가지 않기를 바란다.

진정한 부모는 아이가 어떤 문제를 일으켜도 바로잡기를 포기하지 않고, 끝까지 믿고 기다릴 줄 아는 '농부' 같은 사람이다.

부록

상처 주지 않고 아이를 움직이는 엄마의 말

이렇게
말해보세요!

사춘기 아이와 상담을 하다 보면 무심코 내뱉는 부모님의 말에 상처받고 좌절한 경험이 많이 있었다고 말합니다. 좋은 의도를 품은 말이라도 듣는 사람에게 역효과를 낸다면 뭔가가 잘못된 것이겠지요. 나와 아이의 행복한 사춘기를 위해 큰소리내지 않고도 변화를 이끌어낼 수 있는 말습관을 실천해보면 어떨까요?

핵심은 아주 간단합니다. '아이 입장에서 보는 것'이지요. 엄마 눈으로 엄마 입장을 먼저 생각하면서 아이를 보는 것이 일반적인데, 역으로 아이 눈으로 엄마를 보면서 '엄마가 이렇게 말해주면 좋겠다'를 생각해 말하는 겁니다. 엄마가 이런 말을 해서 싫다, 무섭다, 절망스럽다, 화가 난다는 감정이 엄마가 이렇게 말을 해줘서 안심이 되고 위로가 된다, 기분이 좋다로 변한다면 성공입니다. 아이의 '마음'이 열려야 행동이 바뀌기 때문입니다. 하고 싶은 말은 그다음에 차분히 전해도 늦지 않습니다.

학원 갔다 왔어?
밥 먹고 숙제 해.

> 학교 수업에 학원까지 갔다 오느라 힘들었지?
> 편한 옷으로 갈아입고 좀 쉬어.

엄마 바쁜 거 안 보여? 나중에 얘기해.

> 엄마가 바쁜데 좀 도와줄래?
> 얼른 끝내고 우리 같이 이야기하자.

너는 도대체
잘하는 게 뭐냐?

> 이 세상에서 너만이 할 수 있는
> 특별한 일이 있을 거야.

04

다른 애들은 알아서 척척 진로도 정하던데,
넌 뭐가 되려고 그러니?

> 걱정하지 마.
> 천천히 준비하고 움직여도 절대 늦지 않아.

05

공부나 잘하면 말도 안 해.

> 공부까지 잘하면 좋지만
> 그래도 엄마는 네가 다 좋아.

06

(전 대학교 안 갈래요.)
기껏 학원 보내줬더니 하는 말이라곤.
대학도 안 가면 뭐 먹고 살 건데?

> 대학에 관심이 없다면
> 그 대신 네가 하고 싶은 일은 무엇인지 찾았니?

07

어떻게 맨날 불평을 입에 달고 사니?
그 정도도 감지덕지인 줄 알아.

> 이 상황이 마음에 안 드는구나?
> 네가 원하는 것을 구체적으로 말해봐.

08

넌 절대 안 될 거야.

> 1) 다른 사람이 했으면 너도 할 수 있어.
> 2) 다른 사람이 못한 일도 넌 할 수 있을 거야.

09

아까 시작했는데, 아직도 여기야?

> 신중하게 생각하고 접근하고 있구나.

10

뭐야, 한 개만 안 틀렸으면 100점이잖아.

> 한 개밖에 안 틀렸네.
> 너 정말 대단하다.

11

아휴, 정신 사나워. 가만히 좀 있지 못해?

> 잠시만 이렇게 앉아 있어 볼까?

12

넌 왜 그런 일도 못하니?

> 괜찮아. 처음에는 서툰 게 당연해.
> 잘하게 될 거야.

13

본론만 말해. 그러니까 하고 싶은 말이 뭐야?

" 오늘은 하고 싶은 얘기가 많구나.
천천히 얘기해도 돼. "

14

계속 질질 짜고 있을 거야? 말 안 할 거야?

" 뭔가 속상한가 보구나.
그만 울고 엄마한테 말해줄래? "

15

(엄마, 나 좀 안아줘.)
오늘따라 왜 그래? 징그럽게.

" 이리 와. 우리 딸이 힘든가 보네.
무슨 일인지 몰라도 잘될 거니까 걱정하지 마. "

16

어딜 그렇게 싸돌아다니니? 그래서 대학 가겠어?

> 학교 수업이 끝나면 집에 와서
> 엄마한테 어디 간다고 말하고 갔으면 좋겠어.
> 공부 시간도 잘 챙기고.

17

넌 시험 걱정도 안 되니? 왜 그렇게 천하태평이야!

> 시험 준비는 다 했니?
> 혹시 포기하고 있는 건 아니지?
> 엄마가 도와줄 부분은 없어?

18

너 요즘 좀 수상해. 속이는 거 있지?

> 요즘 엄마는 너에게 이해 안 되는 점이 좀 있어서,
> 이야기를 했으면 해.

19

왜 오늘 학원 지각했어?
엄마가 선생님한테 꼭 그런 문자를 받아야겠어?

> 오후에 무슨 일이 있었니?
> 학원에서 문자 받고 걱정했어.

20

이제 네 일은 알아서 좀 할 수 없니?
언제까지 엄마가 챙겨줘야 돼?

> 준비물을 혼자 챙기는 게 힘들면 미리 부탁해줄래?
> 아침에 하려면 서로 짜증을 내게 되잖아.

21

(아무리 노력해도 난 안 되나 봐. 머리가 나쁜 것 같아.)
꼭 공부 못하는 애들이 머리 탓하더라.
머리가 나쁘면 노력을 더 하든가.

> 아직 네 노력이 실력으로 드러나지 않은 것뿐이야.
> 지금처럼 조금만 더 열심히 하면
> 조금씩 성적이 오를 거야.

22

(나 머리 아프고 열나.)
꾀병 부리지 말고 공부해.

> 몸이 안 좋니? 잠깐 쉬어.
> 그래도 몸이 안 좋으면 병원에 가보자.

23

넌 다 좋은데 그게 문제야. 왜 그걸 못하니?

> 괜찮아. 넌 그것 말고 잘하는 게 많으니까.
> 모든 걸 다 잘하지 않아도 돼.

24

성격도 좋고 얼굴도 예쁘고 공부만 잘하면 얼마나 좋아.

> 너는 공부 말고도 장점이 많아.
> 성격도 좋고 얼굴도 예쁘고.

25

너 자꾸 거짓말할래?
엄마가 바본 줄 알아?

> 엄마가 모른 척 속아줄 수는 있어.
> 하지만 그건 너를 포기하는 것과 같아.

26

피시방에 안 간다고 약속했잖아.
지키지도 못할 약속은 왜 해?

> 엄마는 너의 약속을 믿었는데 그걸 어겼네.
> 이번에는 넘어가지만, 다음번에는 벌칙이 있을 거야.

27

그렇게 미루기만 하면 언제 다 할 거야?

> 한꺼번에 다 하기 힘들면 하나만 먼저 시작해보자.

28

엄마, 속 터지게 하지 말고 말 좀 해!

> 네가 말을 하지 않으면
> 엄마도 네 마음을 다 알 수는 없어.
> 엄마가 괜히 오해하는 것보다
> 네가 말을 해주면 서로 이해하기 쉬울 텐데.

29

그 애들이랑 놀지 마.
다 노는 애들처럼 보여.

> 친구들이 다 개성이 강한 것 같아.
> 너도 그 친구들이 좋아서 어울리는 거니?

30

엄마가 시킨 거 했어? 그것도 안 하고 노는 거야?

> 엄마가 부탁한 일 먼저 한 다음에
> 하고 싶은 일을 하도록 해.

31

(아니라고 했는데, 엄마는 왜 오해하고 난리야?)
너, 한마디만 더 하면 맞는다.

> 엄마는 네 태도와 말투 때문에 정말
> 기분이 상했어. 지금 바르게 말할 수 없다면
> 나중에 다시 이야기하는 것이 좋겠다.

32

아휴, 왜 네가 쓰면 물건이 다 없어지냐?

> 정해진 자리에 물건을 두면 찾느라
> 고생할 필요가 없잖아. 네가 그러면 엄마도
> 훨씬 편할 것 같아.

33

맨날 그렇게 스마트폰만 붙들고 있을 거야?
밥 먹을 때만이라도 좀 안할 수 없어?

> 스마트폰 사용 시간을 좀 조절해보자.
> 식사 시간과 공부할 때만이라도
> 스마트폰은 꺼두었으면 좋겠어.

34

용돈 좀 아껴 써.
엄마도 힘들어.

" 이번 달에는 특별한 일이 있었니?
아껴서 쓰되, 혹시라도 부족하면
엄마한테 말해줘. "

35

별거 아니네. 겨우 이거야?

" 참 특별하네.
역시 우리 딸은 달라. "

36

자기 혼자만 잘났지.
제대로 당해봐야 세상 무서운 걸 알지.

" 엄마는 네게 도움이 되고 싶을 뿐이야.
네가 원하는 대로 결정하는 것은 자유지만,
결과는 자유가 아니라는 걸 알았으면 좋겠다. "

37

**빨리 일어나.
소리 지를 때까지 버틸 거야?**

> 언제 일어나도 일어나기 싫은 마음은 똑같아.
> 차라리 지금 기분 좋게 일어나서
> 편안한 마음으로 하루를 시작하자!

38

**(힘든 일은 맨날 나한테 다 시키고.)
내가 맨날 시키니? 하기 싫으면 하지 마!**

> 엄마 힘으로는 잘 안 돼서 그래.
> 네가 조금만 도와주면 금방 할 수 있을 것 같아.
> 고맙다, 우리 아들(딸)!

39

그렇게 하지 말라고 했어 안 했어? 맞아야 정신 차릴 거야?

> 똑같은 잘못을 또 하면 벌칙을 받기로
> 엄마랑 약속했잖아, 기억나? 잘못된 행동에
> 책임을 지는 의미에서 이번에는 벌칙을 받는 게
> 좋겠다. 혹시 하고 싶은 말 있니?

40

(엄마는 나보다 오빠나 언니가 더 좋지?)
내가 언제 차별했다고 그래?

> 엄마는 똑같이 사랑한다고 했는데 우리 딸이
> 덜 사랑받는 것 같았구나. 이리 와.
> 지금 엄마가 우리 딸만 안아줄게.

41

(엄마는 내가 아무리 도와줘도
고맙단 말도 안 하고 당연하게 생각하잖아.)
넌 엄마한테 고맙다고 했어?

> 엄마는 마음으로 기특하다, 뿌듯하다
> 하고 있었는데, 고맙다는 말이 듣고 싶었구나.
> 정말 고마워. 네가 엄마를 도와줘서 든든해.

42

한 번 말할 때 안 듣고
왜 입 아프게 같은 말 반복하게 하니?

> 사람들은 자기 말을 주의 깊게 듣는 사람을 좋아해.
> 네가 엄마 말을 좀 더 신중하게 들어주면
> 마음이 놓일 것 같아.

43

(왜 이렇게 쓸데없는 것을 공부해야 돼?)
너만 혼자 공부해? 네 친구들도 다 하잖아.

"그래, 힘들지? 이것까지만 하고 좀 쉬자."

44

(나만 스마트폰 없다니까.)
학생이 그런 비싼 전화가 왜 필요해?

"갖고 싶어 하는 마음은 이해하지만 모두가 다 쓴다고 너도 꼭 써야 하는 건 아니잖아. 엄마도 한번 생각해볼게."

45

방 정리 좀 해. 이게 사람 사는 데야?

"정리가 안 된 방에서 스트레스 받느니 몇 분만이라도 시간을 들여 청소해보자."

46

(오늘 저 개근상 받았어요.)
개근상이 상이냐? 공부를 잘해야지.

> 와, 잘했네.
> 하루도 결석하지 않고 학교 다니느라 힘들었지?

47

아침마다 머리 만진다고 계속 꾸물거릴 거야?
머리를 잘라 버리든지 해야지.

> 아침에 머리 손질을 하려면 10분만 더 일찍 일어나자.
> 못 일어나면 엄마가 깨워줄게.

48

너만 속 안 썩이면 집안이 평화로울 텐데.

> "네가 가끔 우리를 걱정하게 하지만
> 그래도 네가 있어서 엄마 아빠는 감사해."

49

넌 이따 아빠 오시면 아주 혼날 줄 알아.

" 이따가 아빠가 오시면 함께 이야기를 할까,
아니면 지금 엄마와 이야기할까? "

50

네가 뭘 알아?
네가 세상을 알아?

" 무조건 네 말만 들어달라고 우길 게 아니라
엄마 말도 경청할 줄 알아야지.
엄마는 너에게 도움을 주고 싶어서
이런 말을 하는 거야. "

51

너만 보면 한숨이 저절로 나온다. 넌 걱정도 안 되니?

" 엄마는 너에 대해 조금 걱정이 되거든.
우리 잠시 얘기 좀 할까? "

52

말 시키지 마. 엄마 지금 화난 거 안 보여?

> 지금 말고 이따가 이야기할까?
> 엄마가 지금은 집중하기가 힘들구나.

53

쓸데없는 것에 관심 갖지 마.
그런 건 때가 되면 다 알게 돼.

> 호기심이 생긴다고 해서
> 그때마다 다 알아야 필요는 없어.

54

(엄마는 어떻게 맨날 같은 말만 해요? 정말 지겨워.)
지금 그게 엄마한테 할 소리야? 버르장머리 없이.

> 엄마는 중요한 일이라서 자꾸 말한 건데,
> 넌 지겨웠구나. 그래도 엄마한테 말하는 태도는
> 바르게 해야지. 아무리 네 말이 옳아도
> 태도가 나쁘면 엄마도 안 듣게 돼.

55

공부 안 해? 학원만 다닌다고 실력이 늘어?

"학원에서 배운 것이 네 것이 되려면
복습하는 시간이 필요해."

56

(오늘은 나 진짜 힘들어요. 그냥 쉬면 안 돼요?)
뭐가 그렇게 맨날 힘드냐?

"오늘은 무슨 일이 있었니? 힘들면 먼저 쉬어."

57

열심히 하면 뭐하냐? 결과가 나쁜데.

"노력했는데 결과가 나빠서 속상하지?
그래도 최선을 다했으니 괜찮아."

58
너 어디야? 늦으면 미리 말을 해야지!

> 지금 오고 있니?
> 늦을 땐 잊지 말고 엄마한테 전화해줘.
> 그래야 걱정을 안 하지.

59
또 먹어? 그러다 돼지 된다.

> 키가 더 크려는지 잘 먹네.
> 그래도 너무 늦은 밤에 먹는 것은 피하도록 해.

60
너 바보야? 왜 이것도 못해?

> 괜찮아. 다시 해보자.
> 안 되는 방법을 하나 더 배운 것뿐이야.

61

내가 꼭 화를 내야 말 들을 거야?

> 엄마가 화내지 않아도 네가 알아서 할 수 있잖아.
> 엄마가 화를 내면 너도 기분이 상하고
> 엄마도 기분이 상할 거야.

62

빨리빨리 좀 해! 느려 터져 가지곤…….

> 시간이 없으니까 조금만 더 서둘러줄래?

63

너 그렇게 말 안 들으면 엄마 도망가 버린다.

> 네가 엄마 말을 안 들어서 속상해.
> 너도 힘들겠지만 엄마 마음도 좀 이해해주겠니?

64

제발 샤워 좀 해라.
네 땀 냄새 때문에 온 집 안이 퀴퀴하잖아.

> 땀을 좀 많이 흘렸네.
> 샤워하고 옷을 갈아입는 게 어때?
> 속옷은 엄마가 챙겨뒀어.

65

똑바로 앉으면 허리가 부러지냐?

> 그렇게 삐뚤게 앉는 것보다 바르게 앉는 게
> 더 좋아 보여. 키도 커 보이고.

66

쯧쯧, 하고 다니는 꼴 하고는…….

> 우리 딸(아들)은 빨리 어른이 되고 싶구나.
> 그래도 학생다운 모습일 때가 가장 예뻐.

67

**무조건 안 된다고 했지.
계속 고집 부릴 거면 나가!**

"
네 생각이 그렇다면 차분히 말로 표현해서 엄마 아빠를 설득해봐. 이해하려고 노력해볼게.
"

68

말로는 뭘 못해? 어디 하나 안 하나 보자.

"
말보다는 행동이 중요해.
너의 말을 믿을 수 있도록 행동으로 보여줘.
"

69

**(난 내가 너무 마음에 안 들어.
엄마는 왜 나를 이렇게 낳았어요?)
왜 네가 못 생긴 걸 가지고 엄마 탓을 해?**

"
넌 너만의 매력이 있어.
"

70

(엄마, 나는 해도 안 되겠죠?)
현실적으로 그게 되겠어? 괜한 일에 힘쓰지 마.

> 꼭 그렇게 해보고 싶다면 포기하지 말고 해봐.
> 해보고 안 되면 그때 포기해도 늦지 않으니까.

71

너 야동 보니? 넌 안 보지?

> 스마트폰으로 야동 보는 것이
> 요즘 아이들의 문제라고 해. 엄마는 널 믿어.
> 스스로 자제할 줄 알았으면 좋겠다.

72

빨리 안 자? 뭐 할 게 있다고 맨날 늦게 자니?

> 피곤하지 않니? 잠으로 몸을 충분히 쉬게 해야
> 내일 기분이 좋을 거야.

사춘기로 성장하는 아이
사춘기로 어긋나는 아이

개정증보판 1쇄 발행 2018년 10월 30일
개정증보판 11쇄 발행 2024년 11월 30일

지은이 강금주
펴낸이 장재순

펴낸곳 루미너스
주소 경기도 고양시 덕양구 덕수천2로 150
전화 02-6084-0718
팩스 02-6499-0718
이메일 lumibooks@naver.com
블로그 blog.naver.com/lumibooks | **포스트** post.naver.com/lumibooks
출판등록 2016년 11월 23일 제2016-000332호

디자인 ALL design group
일러스트 정재경

ⓒ 강금주, 2018

ISBN 979-11-963347-2-7   13590

- 이 책은 저작권법에 따라 보호받는 저작물이므로 무단 전재와 무단 복제를 금지하며, 이 책 내용의 전부 또는 일부를 이용하려면 반드시 저작권자와 루미너스의 서면 동의를 받아야 합니다.
- 잘못된 책은 구입처에서 바꾸어 드립니다.
- 책값은 뒤표지에 있습니다.